JN086253

アクティブ・ラーニング 実践集

近代・現代

及川俊浩
Oikawa Toshihiro

編

山川出版社

はじめに

　2022年から施行される高等学校学習指導要領の地理歴史科では「歴史総合」「日本史探究」「世界史探究」が新設されます。とくに「歴史総合」については教科書が出る前から注目されているように感じます。

　これまで高等学校での歴史科目は，「日本史」と「世界史」にわけて学習活動がおこなわれてきました。そのなかでも「世界史A」と「日本史A」では，近・現代史中心に世界史的な視野を養うことや日本と世界の歴史を関連付けるような学習活動がおこなわれてきました。歴史総合では今まで2つの教科書によっておこなわれてきた高等学校での近・現代史の歴史学習を，1つの教科書でおこなっていくことになります。

　中学校の歴史分野とは異なり，これまで高等学校の現場の先生方は専門性を生かして「日本史」「世界史」のどちらかを担当することが全国の学校では多かったように感じます。それゆえに「歴史総合」という科目を教えていくことに関して，不安に感じる方もいらっしゃると思います。そのため早めの準備が必要と考えます。

　新しい学習指導要領では「問い」について注目されています。これまでのように講義型の授業のみではなく，生徒の活動も重要となってくるのです。科目や学習内容の変更のみならず，授業のあり方なども考え，変更していくことが大切です。

　学校現場ではさまざまな点で大幅な変更が叫ばれているなか，日々の学習活動をおこないながら，来るべき新学習指導要領にもとづく授業への備えをおこなうことは相当な負担であると思われます。本書では世界史と日本史を担当したことのある教員が集まり，両科目の担当がペアとなり，「歴史総合」を意識して近・現代史の授業案を考え，実践するという試みに挑戦しました。教科書もないなかでの取り組みではありますが，決して無駄な取り組みではないと確信しています。

　新しい歴史教育への船出のための一助となることを願っています。

編　者

アクティブ・ラーニング実践集　近代・現代
目次

『アクティブ・ラーニング実践集　地理』の構成（2021年3月刊行）

┌─**コラム**─
│① フィールドワークの行き先の決め方／② もしも専門外の私が地理を担当することに
│なったのなら／③ 「地理」と「探究」について／④ これって当たり前？　生徒の感覚
│に向き合おう／⑤ グループワークの活性化に向けた仕掛け／⑥ 地域の教材化／⑦ 自
│分の趣味も「ネタ」にして授業に活かそう／⑧ 評価の仕方
└

アクティブ・ラーニング実践集

近代・現代

問いから生まれた授業
―戦場カメラマン×資料×ICT―

··· 杉山比呂之・田中穣

目標

　高等学校学習指導要領(平成30年告示)の「歴史総合」における大項目A「歴史の扉」は，(1)「歴史と私たち」，(2)「歴史の特質と資料」の2つの中項目からなる。また，学習全般において課題(問い)を設定し追究する学習が求められている。本稿では，「歴史の扉」を念頭において，歴史を学ぶ意義を主体的にとらえる「自走する学習者」の育成を主眼とし，また資料ならびにICTを活用しながら問いを設定し，追究することを目標とする。

勤務校について

　「授業の流れ」を紹介する前に，勤務校である専修大学附属高等学校のICT環境に触れておきたい。本校のICT環境はまさに「開発途上」であり，各教室にプロジェクターが整備されたのが2019年，そこから学習支援クラウドや生徒のデバイス環境を整えようと準備をしていた。その矢先にwithコロナの時代となり，それに対応するように本校のオンライン化は急激に進んだ。2020年現在，BYOD(Bring Your Own Device)を前提として，G Suite，とくにGoogle Classroomを活用した各種教育活動が試験的に実施されている。そこで，本実践をオンラインでおこなう場合についても触れておきたい。

授業の流れ

発表[5分]　生徒による紙芝居プレゼンテーション法[1](以下，KP法)を使った前時の復習

共有[5分]　本日のメインクエスチョン&実物資料などを提示

講義[15分]　教員による講義(パワーポイントを使用)

作業[15分]　個人ワーク(ペアワークやグループワークの場合もある)

対話[5分]　ワークについて生徒と教員の問答

内省[5分]　振り返りタイム(確認問題の答え合わせ&対話型の振り返り)

▆▆▆ 授業展開のポイント

授業の誕生は何気ない会話から

　本実践は，本校の卒業アルバム制作を手がけてくださっているカメラマンの方が，カメラマンになった理由としてロバート・キャパという戦場カメラマンに憧れたからであるとお話しくださったことから生まれた。ロバート・キャパに興味をもった私は，彼の有名な1枚の写真「崩れ落ちる兵士」から授業をしようと思い立ったのである。

「**崩れ落ちる兵士**」(写真：Robert Capa／Magnum Photos／アフロ)

1枚の写真から授業をつくる

　ロバート・キャパ(本名：アンドレ・フリードマン／1913年10月22日～1954年5月25日)は，ハンガリー生まれの写真家である。多くの戦争を取材した20世紀を代表する戦場カメラマンであり，インドシナ戦争を撮影した40歳のときに地雷を踏んで亡くなった。彼は第一次世界大戦前に生まれ，第二次世界大戦後に亡くなった，まさに「戦争の時代」を生き抜いた戦場カメラマンである。キャパは人物史でも戦争史でも授業のテーマとして扱うことができる人物であるが，歴史総合の「歴史の扉」を意識して，「問いと資料」に重点を置きながら授業を構成した。

発表［5分］

　生徒にKP法で前時の復習をさせる。生徒の当事者意識を育むとともに，歴史という授業を通じてコミュニケーション能力やプレゼンテーション能力を育むためである。さらに協働性を育むことを目的としてプレゼンは基本ペアでおこない，ほかの生徒は傾聴姿勢を意識しつつ，プレゼン評価シートを記入する(オンラインの授業では省略)。

Memo

《ロバート・キャパとは！？》

ロバート・キャパ（本名：アンドレ・フリードマン／1913 年 10 月 22 日～1954 年 5 月 25 日）は、ハンガリー生まれの写真家である。スペイン内戦、日中戦争、第二次世界大戦のヨーロッパ戦線、第一次中東戦争、第一次インドシナ戦争を取材した 20 世紀を代表する戦場カメラマンであり、タイピンで地雷を踏んで亡くなる。享年 40 歳。彼は第一次世界大戦直前に誕生し、第二次世界大戦後に亡くなったまさに「戦争の時代」を生き抜いた戦場カメラマンである。

《ロバート・キャパ史（抜粋）》

★年表★	★Question★
1913 年 10 月 22 日：誕生	Q.その頃の世界と日本は？ A.
1936 年：「崩れ落ちる兵士」を撮影	Q.撮影されたスペイン内戦のコルドバ戦線とはどのような戦いか？ A.
1937 年：ゲルダ・タロー死亡	Q.キャパの恋人であるゲルダはタローと改名した。その由来である岡本太郎とは？ A.
1938 年：日中戦争を取材	Q.キャパが撮影した周恩来、蒋介石とは？ A.
1944 年：ピンぼけ写真を撮影	Q.ピンぼけした写真が撮られたノルマンディー上陸作戦とは、第二次世界大戦にとってどのような意義があるか？ A.
1954 年 4 月：日本来日	Q.当時の日本はどのような状況か？ A.
1954 年 5 月 25 日：死去	Q.キャパが地雷を踏んで亡くなったインドシナ戦争とは？ A.
2009 年 7 月：スペイン紙で「崩れ落ちる兵士」についての記事掲載	Q.「崩れ落ちる兵士」はどのような評価を受けたのだろうか？ A.

ロバート・キャパの遺した言葉
「戦場カメラマンの一番の願いは、【　　　　　　　　　】。」

授業プリント 1（［発表］［共有］［講義］）

共有［5 分］

　本日のメインクエスチョンとして全体に問いを共有する。本時の問いは VTS（Visual Thinking Strategy）[2]を参考として、「崩れ落ちる兵士」の写真について、以下の問いを投げかけた。

What's going on in this picture? ／写真のなかで何が起こっているでしょうか？

What do you see that makes you say that? ／何をみてそう思いましたか？

What more can we find? ／他には何が描かれていますか？

　なお、オンラインの授業では写真データを Google Classroom で送り、Google フォームで生徒の意見を提出させる。

講義［15 分］

　歴史総合の大項目「歴史の扉」に位置付けるため、「私たちの生活や身近な地域などに見られる諸事象を基に、それらが日本や日本周辺の地域及び世界の歴史とつながっていることを理解する」「歴史が、遺物・文書・図像などの資

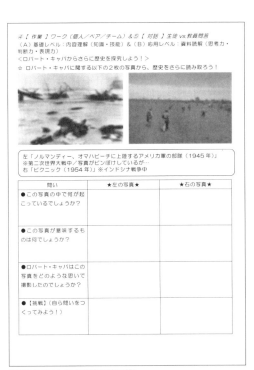

授業プリント2（[作業][対話]）

料に基づいて叙述されていること」を念頭におきながら，中学歴史学習との接続性や地図の活用を意識して，ロバート・キャパの年表をベースに，世界史と日本史の視点で「問い」を投げかけながら講義をおこなった（授業プリント1）。問いをパワーポイントで提示するなど，視聴覚教材を活用しながら，生徒の「知識・理解」の定着に重点をおきつつ，「思考・判断・表現」に繋がるように心がけた。オンラインでは，あらかじめ撮影した講義動画を視聴させる。

作業[15分]

　withコロナの時代になり，対面での他者との協働作業が困難となった。本来であれば，「作業」では学びを深める対話をメインとしたペアワークをするところだが，実際には個人ワークがメインとなった（授業プリント2）。本時においてはロバート・キャパの「崩れ落ちる兵士」以外の写真（「ノルマンディー，オマハビーチに上陸するアメリカ軍の部隊（1945年）」「ピクニック（1954年）」）も活用しながら，彼の心情や当時の社会情勢をとらえていくワークを設定した。生徒には，"質より量"で問いに対して自らの考えを述べるよう指導した。また

《 本日の Question！》

"場を創り、場に価値を"

◎ 本日の Question に自分なりの"答え"を出してみよう！

本日の Question　1枚の写真からわかることとは！？

↩　　　↻ Retweet　　★ Favorite

《確認テスト》
A：以下の（Ⅰ）〜（Ⅲ）の文において、正しいものには〇・誤っているものには×
を付けなさい。
（Ⅰ）ロバート・キャパは本名をアンドレ・フリードマンといい、ハンガリー出身の
写真家である。
（Ⅱ）ロバート・キャパは岡本太郎と親交が厚く、自分の子どもにタローと命名する
ことにした。
（Ⅲ）ロバート・キャパは40歳の若さで、インドシナ戦争において地雷を踏んで亡
くなる。
B：ロバート・キャパがピンぼけした写真を撮影した作戦を何というか。

	A（Ⅰ）	A（Ⅱ）	A（Ⅲ）	B
解答欄				

《学習活動全体の振り返り》
◆ 本日学んだことを、他の人に説明できるように"質より量"でまとめてみよう！

《あなたのぼやき》杉山のぼやき「本校専属カメラマンの大元さんとぜひお話してみてください！」
◆ 授業担当者に向けて、感想・質問・近況報告などをお好きにぼやいてください。

授業プリント3（［内省］）

　その際，教員はなるべく机間指導をおこなわず，極力クラス全体を「みとる」，つまり観察者としての役割を意識して教室にいるようにした。オンラインでは，講義動画の内容や教科書を参照して，同じように"質より量"で各自ワークに取り組む。

対話［5分］

　ワークを終えると，生徒と教員での問答を実施する。ワークに対しての生徒の回答を教員がプリントで受け取り，これについてコメントやさらなる質問をする。一対一の場づくりを大切にするために，問答は廊下でおこない，問答を終えた生徒は採点票にチェックをして自分の席に戻る。オンラインの授業では，人数や学校の状況にもよるが，チャット機能を活用することで実施できるだろう。

内省［5分］

　振り返りシート（授業プリント3）に記入後，生徒はシートをもとに教員とさらに対話をする。ここでの対話は，授業全般の感想や質問，また生徒の日常に

ついての話など生徒指導の観点ももちながら，多岐にわたる。対話を終えて，再度採点票にチェックをした生徒から授業は終了となる。オンラインの授業では，Google フォームを活用して振り返りシートを提出させたあと，各生徒にメールでのフィードバックをおこなうこととした。

生徒の反応

「1枚の写真にこんな歴史が詰まっているとは思わなかった」「同じ写真なのにみんなそれぞれとらえ方が違って驚いた」などのコメントが，振り返りシートに並んだ。一方で「もっとほかの写真も見たかった」「ほかの戦場カメラマンのことも知りたい」など，生徒が本時を通じて興味・関心を抱いたことがうかがえるコメントもあった。このように生徒からの率直なコメントをもらうことは，授業改善につながるとともに，生徒とのリレーションづくりにも役立つ。ただし振り返りシートを実施することを目的としない，つまり"手段の目的化"に陥らないことに注意を払う必要がある。そのためには授業準備をしながら常にその授業の目標・目的に立ち返り，コンテンツ・ベースではなくコンピテンシー・ベースでの授業づくりが不可欠である。

評価の方法

期末試験・中間テスト・課題以外に各学期10点分のパフォーマンス評価（評価内容は担当者ごとに異なる）を設定している。私は① KP 法による前時のプレゼンテーション，②振り返りシート，③授業ノート（生徒が年に1回，持ち回りで担当する授業内容のまとめ）の3項目で評価をしてそれぞれルーブリックを用意している。②③についてはA〜Cの3段階評価を実施し，評価の"みえる化"を意識しておこなっている。

	C	B	A
問い	提示された問いについて自分なりの答えをもつことができた。	提示された問いについて根拠のある答えをもつことができた。	提示された問いに根拠のある答えをもったうえで，さらに自ら問いを生み出すことができた。
理解度	本時の内容をある程度把握することができた。	本時の内容をきちんと把握することができた。	本時の内容からさらに自ら発展的に学ぶことができた。
活用度	本時の内容をある程度まとめることができた。	本時の内容をきちんとまとめることができた。	本時の内容を他者に説明できるようにまとめることができた。

振り返りシートと授業ノートのルーブリック

▰▰▰ 自走のための伴走

　withコロナの時代となり，より生徒の主体性や自主性が求められるようになり，教員もこれまで以上にティーチャーに加えてコーチャーやファシリテーターとしての役割を担う必要性が高まった。ロバート・キャパという戦場カメラマンを知ったことから，ほかの戦場カメラマンに興味をもち，自分で調査・研究をしてみたいという生徒があらわれたが，それがまさに自走といえる。ICTの活用やVTSのような手法を活用することはあくまで手段である。目標は「自走する学習者」の育成を主眼として，資料ならびにICTを活用しながら問いを設定し追究することであるため，教員はその「伴走者」としてさらに生徒が自走していく手助けをしていきたい。そのためにYouTubeの限定公開による動画配信での授業の補足解説や，生徒との問答による対話やチャット，メール時になるべく参考になる資料や生徒がさらに自走したくなるような問いを投げかけるように心がけている。対面授業かオンライン授業かによって，教員としての役割が変化することはない。また，授業の目標・目的が変わることもない。

　生徒はもちろん，教員自身もこのような姿勢で新学習指導要領における新科目「歴史総合」の授業に臨みたい。

授業の様子

【後日談】

　本稿の最終校正の最中，勤務校では次年度より1人1台タブレット端末(iPad)の導入が決定した。導入にあたって，対面授業におけるタブレットの活用，つまりオフラインとオンラインの併用である"ハイブリッド型"の授業展開が求められるようになった。しかし，決してタブレットの活用が目的になってはならない。本実践においてタブレットを活用する場合，例えば次の工夫が考えられる。

①提示した写真などの資料や，その他映像資料を手元にあるタブレットを通じて視聴させる（各種 YouTube の動画や「山川＆二宮 ICT ライブラリ」の活用など）。
②プリントによる振り返りシートを Google フォームや Google スプレッドシートに変更する。
③「ロイロノート・スクール」「Google Jamboard」などにより，生徒たちの意見を「みえる化」する。
④「Keynote」「Clips」「iMovie」などを活用して課題を提示する。

　タブレットを活用することは，授業を劇的に変化させることにはならないだろう。ただし，タブレットを1つの"文房具"ととらえることにより，授業を通じた学びへの"スパイス"になる。文部科学省が掲げる GIGA スクール構想の実現，そして新学習指導要領における「主体的・対話的で深い学び」の視点からの授業改善がより良い相乗効果を生み，学校現場における授業力のボトムアップがこれまで以上に進むようにしていきたい。

【参考文献】
吉岡栄二郎『ロバート・キャパの謎　『崩れ落ちる兵士』の真実を追う』青弓社，2014年
ロバート・キャパ撮影，ICP ロバート・キャパ・アーカイブ編『ロバート・キャパ写真集』岩波文庫，2017年
鈴木有紀『教えない授業　美術館発，「正解のない問い」に挑む力の育て方』英治出版，2019年

注

1　KP 法とは，「紙芝居プレゼンテーション法」の略。A4サイズ(ほかのサイズでも可)の紙に伝えたいことをシンプルに書いて，黒板やホワイトボードなどに貼りながら話をする手法。
2　VTS(Visual Thinking Strategy)とは，アートを通じて鑑賞者・学習者の「観察力」「批判的思考力」「コミュニケーション力」を育成するプログラムである。

歴史の面白さ・楽しさ

及川俊浩

　アクティブ・ラーニングという考え方が高校の現場でも聞かれるようになり，授業改善の必要性が論じられてきたとき，「歴史の面白さをわかってもらうためには，さまざまなエピソード的な話をすることが大切である」「歴史の授業は教員が語るようにやってきたので，生徒に考えさせるような授業は向かない」などの声を聞くことがあった。一方でアクティブ・ラーニングという考え方により，従来のような語る形の授業は良くない，という意見も聞かれるようになってきた。皆さんはどのように考えるだろうか。

　前著『アクティブ・ラーニング実践集』(日本史編・世界史編，山川出版社，2019年)に関わらせていただいてからさまざまな声を聞き，私自身さまざまな考えをもつようになった。そこで考えたことは，そもそも"歴史の面白さ"や"歴史の楽しさ"とは一体何だろう，ということである。

　思い返すと私が歴史に触れたきっかけは，小学生のときに数々の伝記を読んだことだった。人々の営みが面白く，書店に行っては，「次は誰のものを読もうか」と選ぶことも楽しかったのを思い出す。そのような素地があったおかげか，学校における歴史の授業は興味をもって臨むことが出来たと思う。ということは，少なくとも私は授業でエピソード的な話を聞いたから楽しさや面白さを感じた，というものではなかった。ただ，実践集の企画・作成を通して自分がおこなっていた授業を振り返ると，教員になってからしばらくはエピソード的な話をしながら，「歴史は楽しいぞ」というスタンスの授業をしてきていたことに改めて気づいた。

　私は，毎年入学してくる生徒達にまず「歴史は苦手か。歴史は嫌いか」という質問をするが，結構な割合で苦手や嫌いと答える生徒がいる。その理由を聞くと，かなりの割合で"暗記"という単語が聞かれる。歴史は暗記だけではない，という認識をもつ先生も少なくないと思うが，"受験"というやっかいな存在が邪魔しているのではないかと感じることも多々ある。もちろん，先生方が話す歴史のエピソードを聞いて楽しさや面白さに気づいた，歴史に興味をもつことが出来た，という生徒もいたことは事実ではある。つまり，どちらも正しいのである。

大切なのは，生徒が歴史の面白さ・楽しさを感じることだろうと思う。そのためには，きっかけ作りが大切であると感じている。きっかけは，教員が「語ること」かもしれない。生徒自身が考え，表現することがきっかけになるかもしれない。しかし，どのような授業をするにしても，歴史の授業そのものに苦しさを感じる生徒がいることも教員は心に留めておかなければならないと思う。

　などと考えながら，私が最近の授業において心がけているのは，生徒にとって「おなかいっぱいの授業」をしないようにすることである。あえて腹八分目のような感覚をもたせ，生徒達に「なぜ」「どうして」を芽生えさせたいからである。生徒自らが歴史の面白さ・楽しさを感じ，もっと知りたいという気持ちをもつように導くような授業をしていきたい。

明治政府の諸制度からみる"国民化"
―人々のなかに,"国民国家"としての意識はどのようにして芽生えるのだろうか―

田中駿一・佐藤慎也

▤ 目標

　明治維新以降の近代化・文明開化の推進過程は，さまざまな政策が矢継ぎ早に実施されたことに加え，欧米の文化・思想の影響もあいまって複雑に絡んでいる。そのため，その一連の事象を難しくとらえる生徒も散見される。そのようななかで本実践は中学2年生の生徒を対象に，18世紀から19世紀にかけての世界と日本の歴史を扱った。誰しもが関心あるオリンピックやスポーツ観戦を切り口に，世界と日本の歴史の転換点を，「国民国家の形成」を共通のキーワードとしてとらえさせた。とりわけ本時は，学制，徴兵制度，太陽暦の採用と3つの制度改革を推進した明治初期の施策などから，日本で中央集権国家が形成されたことに着目し，明治政府の諸制度からみる"国民化"について，グループ内での検討を通じて多角的・多面的に理解し，表現することを目標とした。なお，本実践は対象が中学生ということもあるため，高校生向けでは多様なアレンジが可能である。

▤ 授業の流れ

導入[7分]　前時の振り返りと，本時の問い「学制，徴兵制，太陽暦の採用は人々にどのような意識変化をもたらしたのだろうか」と学び方の共有。また，学制，徴兵制，太陽暦に関する概要を解説する。

展開Ⅰ　エキスパート学習[10分]　A学制，B徴兵制，C太陽暦に関する資料ごと，各グループに分かれ，資料を読み，課題についてそれぞれ協議する。

展開Ⅱ　クロストーク活動[15分]　グループをホームチームに再編成し，それぞれが担当した資料の内容を説明し，問いへの解答を作成する。

展開Ⅲ　クラス共有&解説[8分]　生徒同士の対話のなかで出てきたキーワードを授業者がピックアップし，どのような考え方があったのかをクラスに共有し，解説をする。

まとめ[5分]　本時の問いについて簡単なまとめをおこない，ルーブリックに基づき，文章に整理してまとめる。

▰▰▰ 授業展開のポイント

単元指導計画

　高等学校学習指導要領（平成30年告示）解説において[1]，歴史総合では，学習全般において課題（問い）を設定し，追究する学習が求められる，とある。本時の問いだけでなく，その単元を通じた問いを設定することで，どのような資質・能力を身に付けさせたいのか，多面的・多角的に考察して表現させたいのかをより意識していかなければならない。本実践では第4時の事例を述べるが，ここでは単元指導計画の構成を紹介する。

〈単元を通じた問い〉 「人々のなかに，“国民国家”としての意識はどのようにして芽生えるのだろうか」		
	学習内容	問い
第1時	アメリカ独立革命	アメリカ独立革命で人々に芽生えた意識は何だったのか。
第2時	フランス革命	フランス革命で人々に芽生えた意識は何だったのか。
第3時	明治維新と大日本帝国憲法制定	明治維新や憲法の制定はどのような意識のもとにおこなわれたのか。
第4時 （本時）	明治政府の諸制度からみる “国民化”	学制，徴兵制，太陽暦の採用は人々にどのような意識変化をもたらしたのだろうか。
第5時	人々が「国民」に変わるとき	人々のなかに，“国民国家”としての意識はどのようにして芽生えるのだろうか。

単元指導計画の構成

　本単元全体の導入として，東京オリンピックやサッカーワールドカップ等のスポーツ観戦で自国チームや選手を応援してしまうのはなぜかという話から，アメリカ独立革命，フランス革命，明治維新の3つのケースの「人々に芽生えた意識は何だったのか」という共通の問いを通じて，それぞれの国民国家の形成の概要をとらえていく。その後，明治政府の具体的な諸制度がもたらした人々の意識変化を確認し，単元の終わりに「国民」へと変化していく要素や背景を考察していく。後述するが，授業を通じて，OPPA（One Page Portfolio Assessment）の考え方にのっとったOPPシートを活用する。「人々のなかに，“国民国家”としての意識はどのようにして芽生えるのだろうか」という単元を通じた問いを単元冒頭で仮説立てをした後，単元の最後にもう一度考えさせ，一連の授業をへたあとの自らの考え方の変容を実感させていく。

授業で用いる手法―知識構成型ジグソー法―

　本時は「知識構成型ジグソー法」を活用した授業である。手法の概要は，さまざまな書籍やHP等で見られるが，簡単に概要を整理すると以下のようになる[2]。

STEP 1　自分のわかっていることを意識化する

STEP 2　エキスパート活動で専門家になる

STEP 3　ジグソー活動で交換・統合する

STEP 4　クロストークで発表し，表現をみつける

STEP 5　1人に戻る

　この手法を活用するのは，本時では多様な史資料を使用することから，授業者が講義型をして情報を伝えていくよりも，生徒自身がじっくりと史資料に触れることが必要だと考えたからである。また，加えて各箇所のエキスパートとなり，そこで学んだことを自分の言葉で他者に説明をしていくこと，また，仲間が調べたことに耳を傾けて理解を深め，時には自身の見方が変わる場を設定することが本時では適しているのではないかと考えたためである。

本時の展開

導入［7分］

　前時（フランス革命）のまとめの問いの模範解答を例示し，優れた生徒の解答例を紹介して，書き方の視点やポイントを解説し，本時の問いにどのような答え方をすれば良いかのポイントを伝える。そして，本時の問いである「学制，徴兵制，太陽暦の採用は人々にどのような意識変化をもたらしたのか」を共有し，3つの制度の概要を解説する。さらに，生徒は恒常的にジグソー学習で学ぶことがないため，途中で動き方がわからなくなったり，グループづくりで手間取ったりすることがないよう，学び方の意義や動きなどをスライドを使って説明した。それによってより学習内容に焦点化した学びができる。学習形態・教育手法には実態に応じてさまざまな形がある。実践する際になぜ，その形態で学ぶのか，どのようなゴールを想定しているのかを生徒に対して事前に説明をした方が生徒も納得して学びに向かうことができる。その後，ホームチームをつくらせ，授業プリント1に加え，A学制，B徴兵，C太陽暦の授業プリント2を配布し，誰がどのプリントを担当するかを決めさせる。

展開I　エキスパート学習［10分］

　生徒はホームチームではない，同じ情報をもった別のメンバーと共にエキス

中学社会（歴史的分野）特別編①

明治政府の諸制度からみる "国民化"

組　　番　氏名

今回の問い

学制、徴兵制、太陽暦の採用は人々にどのような意識変化をもたらしたのだろうか。

Ⅰ．教科書の確認　P170-171、179　教科書を音読し、内容を把握しよう。

Ⅱ．エキスパート学習　A、B、C各の資料の担当に分かれて、それぞれのプリントを解こう。

Ⅲ．クロストーク学習　A、B、C各の資料にどのようなことが書かれていたかを共有しよう。

A．学制を通して芽生えた意識

B．徴兵制を通して芽生えた意識

C．太陽暦の採用を通して芽生えた意識

▲３つの諸制度に関する風刺画

「問い」に対するまとめ　～今回の問いを１１０字程度でまとめましょう～

【評価の目安】

A＋（大変良い）	A（良い）	B（もう一息）
明治の諸制度が人々にもたらした意識変化について、学制、徴兵制、太陽暦の採用のうち、３つに触れながら、１１０字程度で自身の考えを説明している。	明治の諸制度が人々にもたらした意識変化について、学制、徴兵制、太陽暦の採用のうち、２つに触れながら、１１０字程度で自身の考えを説明している。	明治の諸制度が人々にもたらした意識変化について、学制、徴兵制、太陽暦の採用のうち、１つに触れるが、１１０字程度で自身の考えを説明している。

中学社会〈歴史的分野〉特別編④　　　　　　　　　　　　明治政府の諸制度からみる"国民化"

ワークシートＡ　学制

組　　番　氏名

【ワーク①】学制とは？　―教科書P170―
教科書P170を確認して、以下の学制に関する基本情報を書いていきましょう。

1872年　学制
【目的】どの村でも、子供を 1_____ に行かせない家は一軒もなく、どの家にも、
　　1_____ に行かせない子どもはいないようにする国を目指した
【内容】小学校を 2_____ と定める
　　…子どもは家庭の労働力であり、授業料もあったので、当初の就学率は 3_____ 程度
　　→明治の終わりには 4_____ 近くに達する

【ワーク②】学校に試験は必要か？
以下の文章を読んで、各問いに答えよう。

「今までは下の者を馬鹿にして治め置きたるが、これからは学問をさせて、利口にさせて治むるなり」
　文部省の平山省斎が明治6年の巡回説教で語った言葉だが、「利口にして治むる」― 近代国家にとっての教育のねらいをこれほど的確に表現した言葉はないだろう。被治者の臣分意識を払しょくし、主体的に国家を担う意欲をもった「国民」をつくりだす、そのためにも当局者も懸命に民衆を説諭していたのである。

　「利口にして治むる」ことをめざしたはずの公教育で、なぜ多くの中退者を出しながら試験制度が中止されなかったのか。「小学生」が雑多であればあるほど、一定教育水準を確保するには統一的で厳格な試験が必要だった。何よりいまは自由経済、弱肉強食の社会である。物ないへの施しは功徳だといった通念を打破し、試験という難関を突破する意欲と実力のある者こそが〈一身独立〉〈立身出世〉に値する人間なのだということを、子供や親に痛感させる必要があった。
　それだけではなかった。始業時間の10分前に登校し、起立・礼・着席から教科書の取り出しまでを号令に従って素早く行い、細かい時間割に区分された授業をじっと座って辛抱強く受けつづける、そうした身体 ― 起立精神を身につけた者こそが文明社会に適合的な人間であり、近代的な組織体、とりわけ軍隊や工場が求めたものだった。試験が学習の成果のみならず、そうした規律を身につけたかどうかを点検する場でもった。
牧原憲夫『文明国をめざして』一部省略

A　上の文章から、学校にはどのような役割が期待されていると読み取れますか？

B　学校での生活を通して、入学した子供たちにはどのような意識が芽生えたと考えますか？

授業プリント2

パートチーム（3人1組）をつくる。このグループで資料に書かれた内容や意味を話し合い、理解を深めていく。今回のワークシートは、「①教科書や資料集からわかるそれぞれの歴史的事象の知識や情報の収集」「②歴史専門書の文章から情報を読み取る」という2つのワークとした。ワークの問いを解くうえで文章のどの部分にその根拠があるのか線で引くことを指導し、また、話し合いが活性化していないグループへは難しい言葉の意味を生徒相互に聞き合わせるなどファシリテーターとして話を振ることも意識して支援していくことが大切である。そして、話し合いの最初と最後には「よろしくお願いします」「ありがとうございました」という挨拶をお互い交わすように促すことも、グループワークにおいては欠かせない。

展開Ⅱ　クロストーク活動[15分]

エキスパートチームでの活動を終え、生徒は再びホームチームに戻り、エキ

スパート学習で学んだ内容を説明しあう。それに加えて，ほかの資料についての説明を聞き，自分が担当した資料の内容と合わせながら，本時の問いへの答えを考えていく。ここではチームによって先に口頭説明をしたり，一度それぞれの資料を回し読みした後に説明をするなど，取り組み方はさまざまだった。教員に質問などがあった場合は，同じグループのメンバーに問いかけをしたり，クラス全体に尋ねたりとなるべく仲間同士で解決をはかるように促す。

展開Ⅲ　クラス共有＆解説［8分］

クロストーク活動を巡視していくなかで，授業プリントに書かれていたり，生徒同士の対話のなかで出てきたキーワードを順次板書していく。ここでは，3つの制度それぞれがどのような役割を果たしたのか，その意義などをキーワードとしてあげているグループが目立った。それらのキーワードをもとにして，どのような見方や考え方があったのかを共有する。また，グループワークで出てきた新たな疑問などをピックアップし，解説をする。

まとめ［5分］

「学制，徴兵制，太陽暦の採用は人々にどのような意識変化をもたらしたのか」という本時の問いを振り返りシートに110字程度で文章にしていく。その場で書ききれない生徒は後日提出させるなど，自宅で授業内容をリフレクションしたり，再構成することも認めている。

▬▬ 生徒の反応

生徒が振り返りシートに書いた本時の問いに対する「答え」は以下の通りとなった（一部抜粋）。

明治政府の導入した学制によって，自分が国を担う国民，徴兵制によって集団のなかの一員であり，報国という，太陽暦によって時は大切であり時間を守ろうとする意識が国民にそれぞれ芽生え，自分が国を形づくっていく意識が芽生えた。
学制の採用によって競争し，自分たちが国を支えるという意識が芽生えた。徴兵制を通して集団のなかの一員で，国に尽くすという意識が芽生えた。また太陽暦によって時間を守り，日本が1つになった。これらの諸制度により，人々に国民である自覚が芽生えた。
学制では，全ての子供が平等に学べるようになり，規律の精神が芽生え，徴兵制では満20歳以上の男性へ報国意識が芽生えた。また，太陽暦の利用によって時間を守らなければならないと思うようになった。これにより多くの人が日本国の一員であるという意識をもった。

本時の問いに対する生徒の「答え」

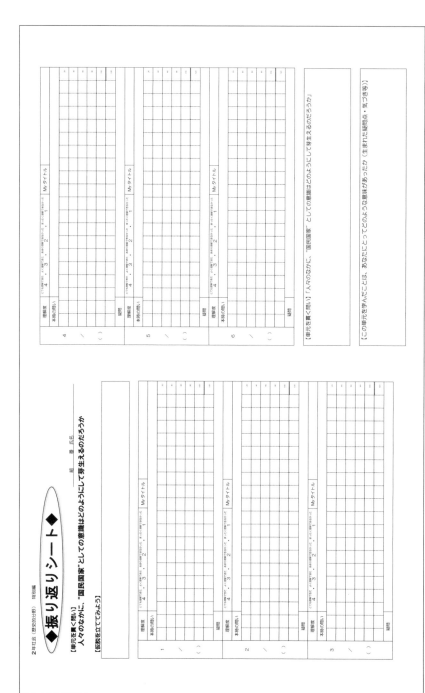

2年社会（歴史的分野）　特別編

◆振り返りシート◆

【単元を貫く問い】
人々のなかに、"国民国家" としての意識はどのようにして芽生えるのだろうか

組　番　氏名

【仮説を立ててみよう】

振り返りシート（OPPシート）

18

評価の方法

　新学習指導要領が実施されると評価軸も変わり，育成すべき資質・能力が三つの柱として整理されている。それは①「個別の知識・技能」，②「思考力・判断力・表現力等」，③「学ぶに向かう力，人間性等」である。①②については多くの先生方が定期テストやワークシート，問いの設定等，日常の授業における生徒への看取りから実践されているだろう。問題は，③の「学ぶに向かう力，人間性等」である。本単元では，先述したように，OPPA (One Page Portfolio Assessment)の考え方にのっとったOPPシートを活用する。まず，単元の冒頭に，単元を通じた問いの仮説を立たせる。そして一連の授業が終わった後に，再度同じ問いで生徒に記述させる。すると単元内で学んだアメリカ独立革命やフランス革命，明治維新で習得した知識・考え方・見方が加わった，問いに対する自身の考えが表現できるようになる。授業者はその内容から学習者の学びに向かう姿勢が評価できるとともに，生徒自身もシートの内容をもとにして，授業を重ねるごとに自己変容を認識でき，自らを評価することができるのである。

　毎回の授業では各時間における本時の問いを110字程度で記述させる。あらかじめルーブリックを示しているので，生徒はその基準にそった形で記述し，理解度を確認することができる。また，それ以外に「Myタイトル」と称して，その学びの時間のタイトルをつけさせる。

　Myタイトルではその時間で学んだ内容から生徒それぞれが独自に授業タイトルをつけていくわけだが，なかには時事問題や有名人の台詞のようなタイトルにしたりとセンスが光るものもある。ここで大切なのは，そのタイトルによって授業者が授業で伝えたかった意図が学習者に理解されたのか，どの場面に関心をもったのか，ということが一目でわかる点である。振り返りシートにある授業理解度の指標とともにMyタイトルは授業者自身にとっても授業実践の振り返りになり得るのである。

　終わりに，生徒が書いた振り返りシートの単元を通じた問い「人々のなかに，"国民国家"としての意識はどのようにして芽生えるのだろうか」について，授業前の仮説と一連の授業後の問いに対する「答え」を抜粋ではあるが，提示したい（一部抜粋）。

	学習内容	おもな My タイトル
第1時	アメリカ独立革命	「革命権大事」「さまざまな『法』と独立宣言」「一人ひとりの独立」「代表なくして課税なし」
第2時	フランス革命	「平民立ち上がる！！」「第三身分側の意見」「断首台からの景色」「変わろうとするフランス」
第3時	明治維新と大日本帝国憲法制定	「天皇が絶対の大日本帝国憲法」「南無ビスマルク」「文明国を目指して」「欧米に追い付きたい」
第4時	明治政府の諸制度からみる"国民化"	「文明的国民になろう！」「国民の自覚」「コロリと変わった明治日本」「文明国民へランクアップ」

おもな My タイトル

授業前の仮説	一連の授業後の問いに対する「答え」
国が自分にとって良いものであると思えたとき。国の思想に賛成するとき。	国民国家としての意識は，国全体が目的を1つにして行動するときに芽生える(アメリカやフランスでは，市民に共通の敵がいた際にそれが芽生えた。また，日本では文明国になる，という目的からの改革を国で推し進め，人々に国民であるという自覚が芽生えた)。
みんなが一丸となって，何か1つの事をしたとき。	革命など大勢の団体が，共通の目的をもって共通の相手に向かって，何か大きな事をしたとき。また，みんなが同じルールのなかで，暮らした時に人々のなかに"国民国家"としての意識が芽生える。
・外国に行って文化の違いを目の当たりにしたとき。 ・戦争に行ったとき。 ・その国の法律・憲法に触れたとき。	①戦争や革命の時→同じ目的を同じ"国民"として団結して達成しようとするから。 ②憲法で国民主権や人権が確立された時→自分達がこの国に生きる"国民"として生活していけると実感できるから。 ③自分達が行動を起こして国を変えられると分かったとき→いざとなれば国を自分達がよりよくでき，自分達が下にいることによって国が成り立っていると感じれば"国民国家"の意識が芽生える。
自分が住んでいる国のために働いたり，戦ったり，選挙に行ったりしたとき。また外国人と話したり，関わりをもったとき。	他の国々と対立した時などに，革命を起こしたり，同じ国民の人達と何か同じことをしたり，国のために何かしたり，国に憲法ができたときに芽生えた。 1．国のために間接的にも役立とうとした。 2．国民のみんなと共通の目的をもち，団結したとき。

生徒の単元を通じた問いに対する「答え」

【参考文献】

谷川稔『国民国家とナショナリズム』山川出版社，1999年

牧原憲夫『文明国をめざして』小学館，2008年

湯本豪一『風刺漫画で日本近代史がわかる本』草思社，2011年

堀哲夫『一枚ポートフォリオ評価　OPPA　一枚の用紙の可能性』東洋館出版社，2013年

注

1　高等学校学習指導要領（平成30年告示）解説地理歴史編（https://www.mext.go.jp/content/1407073_03_2_2.pdf）（最終閲覧日：2020年12月2日）

2　高大接続研究開発センター高大連携推進部門内「CoREFユニット」ホームページ（https://coref.u-tokyo.ac.jp/archives/5515）（最終閲覧日：2020年12月2日）

クリミア戦争によって日本とロシアの関係はどのようにつくられたか

....宮﨑亮太・及川俊浩

目標

　中学社会(歴史)や高等学校の日本史では，日本の開国はおもに19世紀以降のアメリカとの接点を中心に学習することが多い。一方で，高等学校学習指導要領(平成30年告示)では，18世紀のアジアの海域におけるアジア諸国間やアジア諸国と欧米との貿易などの交流による影響について考察し，その経緯のなかに日本の開国を位置付けている。つまり，18世紀以降のもう少し長い視野で日本の開国をとらえ，かつ，日本の開国についてアメリカとの関係を中心に教えるのではなく，広い視点から生徒に考えさせる必要があると思われる。

　そこで次の理由から，幕末の日露関係に着目し，授業を構想した。まず，蝦夷地の毛皮を入手するなどの目的から，ロシアから幕府への通商要求が早い段階から出され，交渉のための政府レベルでの使節が派遣されていたこと。次に，ヨーロッパ情勢に大きな影響を与えたクリミア戦争が幕末の日露交渉に影響を与えていること。そして，現代において日本はロシアとのあいだでさまざまな課題を抱えており，日露関係の歴史的な経緯に目を向けることは非常に重要であるからである。

　本時では18世紀以降の日露関係について網羅的に学習できるわけではないが，近代史の入り口として，日本の開国を19世紀中頃の日露関係を起点に時間や空間の軸を広げて考えさせ，さらには，近代化とは何かを考えさせるきっかけとしたい。また，歴史の苦手な生徒にも敷居を低くして難しく考えずに参加できるようにすることも主眼としている。

授業の流れ

前時　クリミア戦争の概要を学習する時間を設ける。とくに，クリミア戦争がロシアに与えた影響と戦争後のロシアの動向を理解させたうえで本時の内容に入るとよい。また，グループワークをおこなうため3～4人のグループをあらかじめ編成できるように準備しておく。

導入[5分]　前時で学習したクリミア戦争の内容をグループで復習する。ワー

クシートを配布して，本時の目標や内容を説明し，生徒と共有する。

展開1［15分］　ワークシートのQ1について，教科書や資料集は使わずに個人で思考し，その後グループで1つの結論にまとめるよう議論させる。各グループの意見を全体で共有する。

展開2［15分］　ワークシートのQ2について，感じたことを再度グループで出し合う。その際，資料を見て生じた疑問や感想を1つ以上書くように指示する。

展開3［10分］　ワークシートのQ3の年表について補足説明をし，教科書や資料集を参考にして日露和親条約やアメリカとの交渉などについて調べる時間をとり，個人で思考し，グループで共有する。

まとめ［5分］　日本やロシアが取り組んだ西欧の技術や文化の導入について説明し，幕末に日本に突きつけられた「近代化」とは何を近代化することであったのかを生徒に問いかけ，この後の単元につなげる。

▰▰▰ 授業展開のポイント

「主体的・対話的で深い学び」には，生徒が興味・関心をもち，思わず問いを発するような「仕掛け」が必要である。ここで注意したいのは，生徒にワークをさせて，さまざまな意見が出てよかったと終わるのではなく，授業の「落としどころ」，つまり，授業の目的を明らかにし，生徒の納得感を引き出す場面をどこにもってくるかを大切にするということである。ただ，生徒にワークシートに書かせたり，ペアやグループで対話させたりするなど，多くのプロセスを踏ませながら，まとめで教員の考えを一方的に提示し，押しつけるような展開は望ましくない。生徒にはどの程度知識があり，何に関心を示すか，どのような思考をするかなど綿密な見通しを立てたうえで，生徒が発見したことや考えたことをもとに，着地点に向かうことができるかを考慮しつつ，教員が生徒とともに主体的，対話的に学ぶ工夫ができるのかを考えて授業を構成したい。

前時

前時ではクリミア戦争の背景・内容の解説は最低限に留めて，クリミア戦争がロシアや東アジア・北太平洋沿岸地域に与えた影響(カムチャツカ半島で英仏連合軍とロシア軍が戦闘をおこなっていることなど)に焦点を当てて学習する。

導入［5分］

授業展開の入り口となる大切な場面である。グループ活動が活発になるよう

S2日本史B 「近代化」への問い ワークシート

Q1：クリミア戦争はアジアにおけるイギリス、フランス、ロシア、アメリカなどの列強勢力にも影響を与えました。幕閣首脳はオランダからの「別段風説書」などでクリミア戦争の状況について知っており、その影響が日本に及ぶ可能性についても認識していたようです。もし、あなたが幕府の老中なら、クリミア戦争をめぐるフランス、ロシアなどが日本で軍事衝突する可能性があると知ったら、どのような対応をするでしょうか。今からグループにわかれて老中会議をしてみましょう。

あなたの意見

老中会議の意見

Q2：次の3枚の絵画資料は、ロシアが日本にやってきた時の一場面を描いた資料と、ロシア軍艦のディアナ号を描いた資料、幕府の役人とロシア使節の会談の場面を描いた資料です。それぞれの資料を見て何を感じますか？ それぞれの資料を見て各出し合い、感じたことを1つ以上出してみよう。

<資料1> (『天保山諸家献之図』津山郷土資料館蔵)

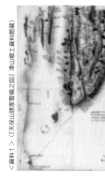

<資料2> (『天保山艦船図』神戸市立博物館蔵)

<資料3> (『魯西亜船想像図』早稲田大学図書館蔵)

Q3：次の年表は日露関係の年表です。なぜ幕府は日露和親条約を締結し、日露関係を深めたのでしょうか。また、ロシアとの外交で幕府は譲り合うための状況には何が必要と感じたのだろうか？

年	月	できごと
1853	6	アメリカ艦隊司令官ペリーが浦賀に来航し、国書を幕府側に渡す
	7	ロシア使節プチャーチンが長崎に来航し、国書を幕府側に渡す
	10	ルーマニアでオスマントルコとロシアの戦争が始まる（クリミア戦争）
	12	プチャーチンが再度長崎に来航し、国境と通商に関して幕府側と協議
1854	1	ペリーが浦賀に再度来航し、国書への回答を要求
	3	**日米和親条約**が締結され、下田・箱館の開港が約束される
		フランス・イギリスがロシアに宣戦布告しクリミア戦争の拡大
	8	カムチャツカ半島のロシア拠点をイギリス・フランス連合軍が攻撃（クリミア戦争の波及）
	9	イギリスのスターリング艦隊が長崎に来航し次のアジアの攻防
	10	プチャーチンが軍艦ディアナ号で大坂の天保山沖に現れる
		日英和親条約が締結される
		軍艦ディアナ号は下田に移動
	12	安政大地震の津波でディアナ号は大破
1855	3	プチャーチンは下田で建造されたディアナ号の代替船で日本を離れる

に，雰囲気をほぐすためのスモールステップを入れることがポイントである。例えば，前時の内容を単に各自が話すのではなく，前時にクリミア戦争に関する３択クイズを考えてくるように指示しておき，ジャンケンで勝った人から順にクイズを出し合うなどの方法がある。

展開1［15分］

　ワークシートのＱ１に取り組むにあたり，ポイントが２点あげられる。１点目は演劇的な手法（グループメンバーに老中役を演じさせるなど）を用い，生徒が取り組みやすい状況をつくること。２点目は，グループワークの際に各自の意見を検討して結論を１つにまとめさせることである。結論が複数でも可とすると，メンバーの意見をそれぞれ言って終わりになる可能性があるので，グループで考えるプロセスを入れることが必要である。

　授業では結論をまとめる際に，幕府は欧米とどのように交渉したのかを，教科書や資料集で確認したいと求める生徒が出てくることもあるが，まずは教科書や資料集を使わずに考えるよう指示する。教科書や資料集には事実関係がまとめられているため，単にその内容をなぞってグループの意見にしかねないからである。歴史が得意な生徒も苦手な生徒もフラットに意見を出し合い，グループで仮説を立てさせたい。

展開2［15分］

　資料の提示は生徒の学習動機を高めるうえで重要な役割を果たす。教科書や資料集に載っている資料の場合でも使い方次第で授業にアクセントを与えることができる。Ｑ２に取り組ませる際，提示する絵画資料の説明は深くせずに，何が描かれているか生徒に問いかけ，出た意見を問いの形にまとめさせる。一定の時間をかけることで，生徒それぞれで視点が異なり，資料のさまざまな部分に目がおよび，細部まで観察することができる。

　各グループの意見や問いを受けて，資料１はどこを描いたものか，資料２はロシア船であるが，蒸気船か帆船か，資料３は幕府側とロシア側の会談の様子だが，場所はどこかなどを教員から問いかける。資料１は大坂の天保山沖にあらわれたロシア軍艦を描いた資料であるが，場所を問うと生徒は長崎や江戸，浦賀などと答えることがある。正しくは大坂であると伝え，なぜ大坂なのか考えさせると，生徒はこれまでの知識を生かして，「大阪は経済の中心だから」「京都に近いから」などの意見を出すだろう。資料２はロシア軍艦の帆船ディアナ号である。欧米からやってきた船舶は蒸気船というイメージがあるが，す

べてが蒸気船ではなく帆船も多かったことや，蒸気船や蒸気機関の仕組みについて触れることもできる。資料3は長崎での会談の様子を描いたものである。生徒に場所を問うと「江戸」「浦賀」「京都」などの意見が出された。

　資料1から3を選んだねらいは次のとおりである。ロシアは18世紀末からの日本との接触により，長崎が交渉の正式な窓口であることや天皇がいる京都が非常に重要な場所であることを知っていたと考えられる。また，クリミア戦争の影響でイギリスがロシア軍艦を追って長崎に来航し，日英和親条約を締結するなど，日本に接触していることもロシアは知っていたとされる。こうしたことから，ロシアはさまざまな情報を分析し，アメリカやイギリスなどとは違う場所で違う動きをとり，日本と外交交渉を試みていたことを生徒に理解させる入り口としたい。

　ちなみに，絵画資料をもとに考えさせるときは，大きく分かりやすく生徒に示すこと，観察することで得られる情報は何かを問うと良い。しかし，絵画資料の読み解きには多くの時間が必要となる。よって，絵画資料を活用したワークは時間的制約と効果的な問いのバランスが課題である。情報量が多い絵画資料は時間的制約がある場合は避け，どこに焦点を当てて観察するかを教員がある程度手引きする必要がある。例えば，資料2では大きな船が描かれているが，帆船か蒸気船のどちらだと思うか，それはどこを見て判断したかを問うと生徒も考えやすくなる。

展開3［10分］

　Q3として，年表を参考に，なぜ大坂にロシア軍艦が出現し，長崎で会談がおこなわれたのかを考えさせる。また，年表の補足として，クリミア戦争によってイギリスは日本と日英和親条約を結んだり，アメリカはイギリス・フランス・ロシアなどの動きを注視しながら日本に砲艦外交をおこなったりと各国の動きには違いがあったことを説明する。そのうえで，ロシアの動きにはどのような特徴があるかを踏まえて，幕府首脳はロシアと外交していくために何が必要と感じたのかを考えさせた。なお，この設問ではロシアとの外交に限定しているが，ロシアに限らず諸外国と外交する場合に必要な技術を問うものである。

　また，ここでは教科書や資料集も活用して，ロシアとの関係の変遷やアメリカやイギリスとはどのような外交をおこなったのかなどを比較させても良い。実際の授業の場面では，生徒から「文化を含めて相手を理解しようとすること」や「リサーチ力がないと外交ができない」「軍事力を最優先して身につけ

ること」などの意見が出された。

　そこで，アメリカの砲艦外交を例にとり，近代的な軍事力の誇示のみで交渉がなされるのが外交ではなく，軍事力以外にもどのようなものを近代化する必要性があるのかを問いかけた。ここでは，あえて生徒からの意見は聞かずに，この後の単元の学習内容に委ねることを示唆して収束させておく。

まとめ［5分］

　中学歴史の教科書などでは，幕末に幕府首脳や雄藩の大名らが黒船来航で衝撃を受けて，軍事力強化のために産業などの近代化を必要としたことが強調されているためか，授業では近代化＝軍事力の近代化という認識をしている生徒が見受けられた。しかし，実際は欧米の軍事力の前になす術もなく開国したのではなく，幕府は限られた情報で戦略を練り，粘り強い外交交渉の結果，諸外国との条約締結はなされている。また，幕府はアメリカの砲艦外交に屈し，イギリスやロシアなどにも軍事力で圧力を加えられ，条約を結ばされたというストーリーや，日清戦争・日露戦争の内容結果を踏まえて，ロシアはつねに南下政策を進めていて日本に対して圧力をかけ続けていたというストーリーからも脱却することが必要である。そのためには，効果的に歴史的なできごとの細部に触れて，ミクロとマクロの往還をすることが重要である。

　授業の最後に，日本やロシアがその後どのような近代化をおこなったのかを例にあげ，「近代化」とは本当に軍事力を強化することだけを意味し，軍事力を強化することのみが国家を強くすることなのだろうか。「近代化」することとは一体どのようなことなのだろうかと投げかけ，生徒の「視点をずらす」「これまでの知識を揺さぶる」ことをして，この後の単元につなげていく。

　本実践の可能性について触れておきたい。本実践ではアメリカの様子を引き合いに出して，ロシアと比較させている。しかし，冒頭にも述べたように，アメリカ・イギリス・ロシア・フランスなどが日本にアプローチした事情はそれぞれ違っており，アメリカだけを比較材料にするのではなく，オランダの『別段風説書』に触れたり，オールコックの『大君の都』などを通してイギリスが日本をどのようにとらえていたのかについて触れたりすることも可能だろう。また，今回はロシアを取り上げたが，幕末に突きつけられた「近代化」はアメリカのペリー来航と日本の関係だけではなく，中国情勢，産業革命の様子を関連づけながら学習するとさまざまな近代化の様相が浮かび上がってくるだろう。

　高等学校では ICT を活用した授業が本格的に実施されるようになった。教

員は，グループで議論して得られる価値は何かを考えて，単元全体や授業をデザインする必要がある。目標で述べたように，本実践は近代史への入り口として位置付けている。時代や単元などの区切りごとに本実践のような授業を挟むことで，学習のリズムをつけられるし，歴史が苦手で授業についていけなくなった生徒も仕切り直しのきっかけになるのではないかと考えている。

▰▰▰ 評価

　本実践のワークシートについては，ルーブリック評価やパフォーマンス評価などの評価軸は用いず，3段階（A・B・C）評価としている。自分の意見と他者の意見を分けて詳述してあった場合はA，他者の意見が書かれていない場合はB，ワークシートへの記入がほとんど書かれていない場合にはCとしている。

　なお，情報量によって評価をするわけではない。わずかな意見でも思考をめぐらせている場合も十分有り得るからである。1人ずつワークシートをもとに面談など実施すると，どのように思考したかがわかるが，時間的な制約もある。ただ，机間巡視でワークの取り組み状況を見て，ワークシートへの記入がなされていない場合でも生徒の思考が認められる発言があった場合には，評価に反映させる措置をとっている。

　記述内容については，考査やレポートなど別の機会を設けて評価をしている。目標で述べたように，今回のようなワークはまず歴史の苦手な生徒にも敷居を低くして，難しいことを考えずに参加させることを主眼としている。このため，ワークにも「あなたならどうしますか」というオープンエンドの設問を入れており，詳細な評価もおこなっていない。これは，評価されるためのワークシートづくりに専念してしまう恐れがあるためである。

【参考文献】
『日露友好150周年記念特別展「ディアナ号の軌跡」報告書』2004年
生田美智子『外交儀礼から見た幕末日露文化交流史　描かれた相互イメージ・表象』ミネルヴァ書房，2008年
井上勝生『日本の歴史18　開国と幕末変革』講談社学術文庫，2009年
後藤敦史「市史編纂だより80　もう一つの黒船来航」(『広報いけだ』3月号，2012年)
横山伊徳『日本近世の歴史5　開国前夜の世界』吉川弘文館，2013年
町田明広「安政東海地震とプチャーチン　ディアナ号の遭難と日露友好」(『神田外語大学日本研究所紀要』6，2014年)
保谷徹「開国と幕末の幕政改革」(『岩波講座日本歴史』第14巻)岩波書店，2015年
奈良勝司『明治維新をとらえ直す　非「国民」的アプローチから再考する変革の姿』有志舎，2018年

コラム②

1枚の資料を足してみる
―身近な食生活の歴史を例に―

宮﨑亮太

　学習指導要領などでは「社会的事象」という用語が頻繁に用いられる。社会的事象は社会的な事柄や出来事を指すが，それは人々の営みと深く関わっている。ただ，複雑な概念や多くの用語が登場する近現代史の授業では，生徒に，多様な資料を活用して人々の営みを考察させるための時間的な余裕は，あまりないのが実情だろう。そこで，学習内容を深めるきっかけとして，普段の教材に1枚の資料を足す例を2つ紹介したい。

写真1

　写真1はカムチャッカ半島の鮭の缶詰工場の様子（日本缶詰びん詰レトルト食品協会蔵）である。授業では，1905年のポーツマス条約について，日本がロシアからカムチャッカ半島や沿海州の漁業権を獲得したことなど，条約の内容を学習することは多い。そこで，写真1を材料に具体的な民衆への影響に触れてみたい。ポーツマス条約にもとづいて締結された日露漁業協約によってカムチャッカ半島や沿海州での北洋漁業は活況を呈し，カムチャッカ半島では，北洋漁業の重要な資源の1つである鮭を缶詰にする工場が1910年に日魯漁業株式会社（現在のマルハニチロ株式会社）により建設された。

　缶詰は日清戦争・日露戦争での携行食として発達し，鮭に限らずカニや牛肉・豚肉・鶏肉などの製品も生産されていた（小林多喜二『蟹工船』には，北洋漁業でタラバ蟹を獲り，母船でタラバ蟹肉を缶詰にする様子が記されている）。日露戦争後は不況と物価高騰によって軍事用とあわせて民生品としても

生産が拡大されていくようになり，1905年には大日本缶詰業連合会が設立されている。なお缶詰と同様に日露戦争後，双眼鏡など民生品として生産が拡大されるようになった品目がある。缶詰を切り口として民衆の生活や産業の変化をとらえさせ，大正時代における人々の営みに関連づけていくことができるだろう。

写真2

　写真2は栄養指導車（キッチンカー，1968年）（福井県文書館提供）である。1949年，厚生省を中心に国民の栄養欠乏を解消するため「栄養改善普及運動」がおこなわれるようになった。1954年になると，日本はアメリカと池田・ロバートソン会談によってMSA協定（日米相互防衛援助協定など4協定の総称）を締結している。これは「日本はアメリカの援助（兵器や農産物など）を受けるかわりに，自衛力の増強を義務づけられ」（『詳説日本史　改訂版』〈日 B309〉山川出版社，2016年文部科学省検定済）る内容であった。小麦や大麦などアメリカの余剰農産物を日本が受け入れ，国内で販売した売上金の一部をアメリカによる日本への軍事援助や，日本政府による復興資金にあてるというものであった。授業では自衛隊に関する知識が強調されがちであるが，アメリカの農産物がどのように受け入れられ，人々の食生活をどのように変えたのかについては生徒が興味をもつことが多い内容である。そこで，写真2を活用したい。

　1955年にアメリカとのあいだで第一次余剰農産物協定が締結されると，1956年からアメリカ農務省の資金を活用して栄養指導車が運行され，アメリカ産小麦・大豆を使ったメニューの料理講習がおこなわれた。また，1954年に学校給食法が制定され，学校給食が実施されていたが，給食においてもアメリカ産小麦を使用したメニューが提供された。ハンバーグやコロッケ・スパゲティなど

のメニューが各家庭に普及していった背景には，栄養指導車や給食の果たした役割が大きい。食生活の変化によって，体質の変化や糖尿病やがんなど疾病の罹患状況の変化，ライフスタイルの変化などが起こってくる。食生活の変化を考えることによって，戦後の生活の変化を考えるきっかけにもなるのである。また，故郷の味，家庭の味がどのように形成されたのかにも展開することができる。日本伝統と考えられているかつお節など，実際は戦後に普及した食品も多いが，伝統的な和食とは，一体いつからどのように形成されたのかについて取り上げても面白いのではないだろうか。

　教科書の内容を少し掘り下げて調べてみると「あたりの資料」に出会うことがある。「あたりの資料」とは，生徒が親近感をもつことができ，生徒が想像力を活かして具体的な像が結べる可能性があり，当時の人々の営みに迫ることができるような資料である。教科書の内容を踏まえて，そうした資料を学習する際に1枚足すと，広がりがあり，「教員の言葉」で語る授業になるのではないだろうか。

【参考文献】
多田統一「明治・大正初期における本邦の缶詰業　農産缶詰を中心として」(『歴史地理学』140，1988年)
鈴木猛夫『「アメリカ小麦戦略」と日本人の食生活』藤原書店，2003年
渡辺実『日本食生活史』吉川弘文館，2007年
社団法人日本缶詰協会『日本缶詰協会創立80周年記念　缶詰業界の歩みと団体の活動』2007年

1920年代，日米大衆化時代の光と影
─歴史総合を見据えて─

··· 田中穣・杉山比呂之

▦ 目標

　2022年から始まる歴史総合を見据え，世界史と日本史を融合した授業をアクティブ・ラーニング型でおこない，授業を通して生徒が歴史的な思考力や多角的な視点を身につけることを目標としたい。その結果として歴史を学ぶことが好きになり，模試や入試に対応する力が身に付くことはもちろん，高校を卒業してからも国内外を旅行する際や日常のニュースに触れるなかで歴史的な視点で思考できるような生徒を育成するのが最終目標である。

　本授業は高校3年生で世界史を選択している文系クラスで2020年8月の末におこなったものである。生徒同士のグループワークは新型コロナウイルス感染拡大防止のため最小限に絞った。このクラスでは日頃からKP法を用いた世界史の授業をおこなっており，2年間に渡って定期的にアクティブ・ラーニング型の授業を体験してきている。日頃から授業で活発な議論が飛び交うクラスである。なお，受講生徒は20名未満であり，お互いに話す必要がある際はマスクを着け距離をあけるなど，対策と配慮をして本授業をおこなった。

▦ 授業の流れ

前時[10分]　前時の最後，大衆化に関する2枚の写真を提示し，日米の大衆化の光と影について次回授業までに調べてくるよう伝える。

導入[13分]　調べてきたことを各グループ内で共有し，クラス全体に発表させる。

展開Ⅰ[10分]　発表の後に各グループで振り返りをさせて，感想を発表させる。

展開Ⅱ[10分]　1920年代，大衆化の時代の空気感を教員と生徒の対話形式で議論する。

展開Ⅲ[10分]　今回の授業で新たに浮かんだ問いを作らせる。

まとめ[7分]　授業のまとめを教員がおこなう。

▰▰▰ 授業展開のポイント

前時［10分］

　前時の最後に，次回授業（本時）の予告として2枚の写真を見せ，どちらも白黒写真だが，それぞれいつ頃の写真かを問いかける（あえて白黒写真にしていると伝えるのがポイント）。これを席が近くのもの同士，数名のグループで考えさせる。

写真A（毎日新聞社提供）　　　　　　　**写真B**（影山光洋撮影，影山智洋蔵）

　すると生徒は，写真Aはすべてのグループで戦時中，しかも第一次世界大戦ではなく第二次世界大戦の最中であるという答えであった。ここで写真Aについては正解であることを伝える。

　一方で，写真Bはグループにより意見が割れた。1960年代，1980年代という意見もあれば，深読みして実はこちらの方が古い1920年代じゃないか？　と推測したグループもあった。それぞれのグループにそう思った理由を漠然としていてもいいので発表させると，1960年代，1980年代と予想したグループはいずれも「写真Aよりも今のファッションに近いから」という理由をあげた。

　そこで，この写真Bが実は昭和時代初期，第二次世界大戦前の写真であることを伝えると，「えー！　退化してるやん！」と驚きの声があがった。

　ファッションセンスの進化・退化が何を指すのかは難しいと前置きをしたうえで，大戦間期，とくに1920年代は大衆化の時代で，このようなファッションを含め人々のあらゆる生活の大衆化が進んだ時代であることを伝える。そして新たに4人グループをつくらせて次の課題を課した。

> 　次の①〜④のうち，各自1つを担当して，自分の項目に該当するような内容を資料集や図書室，インターネット等を利用して調べてくる。
> ①1920年代，日本の大衆化の光
> ②1920年代，日本の大衆化の影
> ③1920年代，アメリカの大衆化の光
> ④1920年代，アメリカの大衆化の影

　なお，調べる際の参考となるキーワードを提示し（参政権・乗り物・社会主義者など），調べたことに関連して気になったことがあれば，合わせて調べてくるように伝える。ここまでを前時とする。

導入[13分]

　前時の最後につくらせた4人グループをつくらせ，各グループ内でそれぞれ調べた生徒がその内容を発表し，情報を共有する。次にそこで共有された内容をクラス全体に発表させる。発表するのは調べてきた本人ではなく，「光」を調べてきた人は「影」の発表を，「影」を調べてきた人は「光」の発表をそれぞれおこなう。自分が調べてきたテーマ以外を発表するのがポイントである。そうすることにより，グループ内での情報共有がより真剣になるし，発表を意識してグループ内での質問が出やすくなった。ちなみに，全グループとも発表する時間はないため，発表をおこなうのは2グループ程度とし，グループ活動後にくじで決めた。以下，発表内容で出てきたものを紹介する。

①1920年代，日本の大衆化の光
・ラジオ放送が始まった。
・大正デモクラシーの時代で華やかなイメージ。
・普通選挙法により，男性のみだが普通選挙が実現した。
・モガと呼ばれる女性やエレベーターガールが出てきて，ファッションも進んだ。

②1920年代，日本の大衆化の影
・関東大震災が発生し，多くの人が亡くなった。
・治安維持法が制定された。社会主義者の人が狙われた。
・金融恐慌が起こり，銀行では取り付け騒ぎが起こった。
・山東出兵があり，戦争の機運が高まってきたのでは？

③1920年代，アメリカの大衆化の光
・自動車が大衆に広がった。とくにフォード社の車が大量生産に成功した。

・映画がたくさん作られた。

・黄金の20年代，永遠の繁栄と呼ばれた。

・アメリカ全土に女性参政権が広がった。

④1920年代，アメリカの大衆化の影

・禁酒法が制定されるなど息苦しさがあった。

・お酒の密造などをマフィアがおこない，資金源となった。

・移民法が制定され，日本などからの移民が制限された。

・世界恐慌が起こった。起こる前から商品の作り過ぎの傾向があったようだ。

　また，調べたことと関連して気になったことを調べてきた生徒はいるか尋ねたところ，アメリカの自動車生産台数の推移を調べてきて発表した生徒や，日米だけではなく，世界主要国の普通選挙実施の時期を調べて，やはり1920年代が他の時代よりも多いと発表した生徒などがいた。

展開Ⅰ［10分］

　導入を受けて，グループ内で振り返りをさせ，生徒に感想を発表させる。

・自分が調べてきたテーマのみを調べていたら，その時代がとても明るい時代に／とても暗い時代に見えていた。しかし，実際は暗い面／明るい面もたくさんあった。

・日本とアメリカ，違う国なのに同じ時期に大衆化の時代を迎えたのはラジオなど新しい技術が出てきたからだと思う。

・自動車の大量生産，フォードすごい！　でも，その裏で交通事故も増えたと思うし，それも影の部分だと思う。

・自動車はヨーロッパで発明されたのに，大量生産はどうしてアメリカが先だったのか，疑問が残った。

・参政権は日本とアメリカだけでなく，他の国でも拡大していた。大きな戦争が終わって，戦争に貢献した人が参政権を新たに獲得したのだろうか。

　これまで生徒の反応を述べてきたが，展開Ⅰの発表が終わるまでは基本的に教員のフォローは不要である。教員がすぐにフォローする習慣があると生徒もそれに甘える傾向があるからだ。ここは教員として口出しをしたくなっても我慢することが重要である。ただし，教員は展開Ⅰまでのなかで，最低限の補足はする必要がある。

　なお，今回の授業で補足したことは，おおむね以下のとおりである。

・ヨーロッパの大戦から各国が復興していく過程が1920年代で，今回の授業で

ヨーロッパを混ぜると生徒が混乱する可能性があったため，今回はアメリカと日本に絞った内容で調べさせたこと。

・第一次世界大戦の前後で世界の覇権国家がイギリスからアメリカへ交代したこと。

・自動車の生産台数の推移を欧米と日本で比較したグラフを見せ，アメリカの絶対的な力を実感させたこと。

・参政権は実際に，1920年代に世界各地で拡大していること。とくに女性参政権はこの大戦間期に拡大したこと。

・ロシア革命の影響で各国に共産党が誕生し，日本だけではなく世界各国で弾圧されたこと。

展開Ⅱ [10分]

　展開Ⅰを受けて，大衆化が進んだ1920年代とはどのような時代なのか，どのような空気感だったのか生徒同士の対話形式で議論する。この時，教員は各グループを回りながら，適宜コメントをする。この「空気感」とは生徒がつけた名で，ここまでの授業で定期的にその時代の人々の暮らしを考え，議論させてきたなかで自然と生徒が使い始め，それ以後，私の授業で定着したものである。

　この過去の時代の空気感すなわち雰囲気を現代から推測していく行為は，必ずしも正しいものになるとは限らず，教員自身も十分に説明ができない時代もあり難しいところである。しかし，少しでも生徒が自ら深く歴史に触れようとするならば，このような思索・議論は有効手段の１つである。生徒には議論するうえで，今までに習ってきた過去の事象との比較，現代との比較を念頭に置き，似ている点，違っている点を考えてみること，その際に理由も含めて考えてみることを伝えた。生徒からは以下のような意見がでた。

・日本もアメリカも大衆化が進んだ。産業革命のタイミングは違ったけど大衆化のタイミングは同じだったようだ。

・「大きな戦争」が終わって，閉塞感がなくなって自由になっていく雰囲気。

・自由な雰囲気って，今の新型コロナの自粛期間が終わった時と似ているかも。

・でも，新型コロナの場合は，自粛期間が終わっても色々と制限が続いたよね。

・アメリカとかヨーロッパとかでは人種差別の廃絶を訴える大規模な大衆運動が今年起こったよね。

・ラジオなどメディアが発展していくことで，国民の考え方とか全員同じようになっていったのでは。

・大きな戦争に挟まれた時代で，明るいことばかりに目が行きがちだけど，実は暗いことも結構あった。
・日米ともに大衆化の明るい空気のなかで，治安維持法とか移民法とか制限かけてくるあたり，飴と鞭のような時代かも。

　ここでも，以下のような補足とコメントをおこなった。今回は生徒たちの発表や議論に事実関係の大きな間違いはなかったが，大きな間違いがあった場合はこの段階で修正する必要がある。

・閉塞感がなくなっていったという空気感を現代と重ねて見ることができたのはとても良い視点であるということ。
・発表にもあったようにラジオや映画は大衆娯楽としての一面をもつ一方で，プロパガンダとして大きな力をもち得たこと。実際に，その力をうまく活用した人物が今後登場すること。
・飴と鞭という言葉が出たけど，面白い視点。ただし，ビスマルク時代のように特定の為政者が戦略的に飴と鞭を使い分けているのとは異なり，大衆化が進んでいく時代の流れと，移民問題や社会主義革命が広がる恐れへの対応が連動しているかは即座には言えないこと。
・いずれにせよ，光と影がはっきりしているのが，この時代の特徴と言えるということ。

展開III［10分］

　今回の授業で新たに浮かんだ問い，疑問に思ったこと，調べてみたいことを確認する。ここで出てきた疑問点などは，その場で答えが出そうなものは生徒に考えさせ，答えが出なさそうなものは，別のグループあるいは教員が調べてくる。本実践で生徒があげた疑問は，次のようなものであった。

・治安維持法が出された時に，人々は反対しなかったのだろうか。
・同時期に日米とも参政権が拡大したのは分かったが，なぜ日本ではこの時に女性の参政権が実現しなかったのだろう。
・アメリカは1920年代に世界で最も繁栄していて仕事はあるはずなのに，なぜ移民法など出したのか。

まとめ［7分］

　展開I〜IIIが終わった後にこの時代の学習を通じて普遍的なことの確認をする。それは，どの時代にも，正負両面が必ずあり，その片面だけを見ていては視野が狭くなるということや，同時代であっても国や地域によって状況は異な

るなどである。

　本実践のような授業では，従来型の授業以上に教員の事前準備が大切である。生徒たちのなかには自動車に詳しい者もいれば，映画に詳しい者もいる。教員自身もしっかりと事前学習しておかねばならない。その際，指導要領や受験指導の範囲のみでの補足にとらわれてはいけない。われわれ教員が知らないことをも生徒たちは調べてくる。その時には調べてきた生徒を素直に称賛し，私たち教員も初めて学んだ感動を生徒の前で示すことが大事である。

評価

　本校では現状，定期考査による評価を基本としている。授業内での取り組みを平常点として成績に算入することも少なくないが，受験を控えた高校3年生の場合，定期考査のみでいわゆる教務上の成績を算出することが一般である。よって，今回の授業は高校3年生に対しておこなったものであるため，教務上の成績評価には加えなかった。しかし，高校2年生までの授業であれば，発表内容や，発表を聞いた後で立てた問いなどを回収して評価に取り入れることが考えられる。

最後に

　アクティブ・ラーニングと受験指導は両立するのか。しばしば議論になる。

　この議論を考える時，「生徒が主体的能動的に学んでいるか」と「従来型のチョーク＆トーク形式で詰め込み式」の二項対立で語られがちである。勤務校のような大学受験を前提とする私学の場合はとくに，結果（＝「生徒の成績」）が求められる。すなわち絶対的に受験指導に対応する必要がある。そのなかでアクティブ・ラーニング型の授業で受験指導ができるのだろうか。私はできると思っている。実際に，今回授業をおこなったコースの生徒たちは高校2年時より何度もKP法を用いた授業をおこなっており，結果として従来型のみの授業をおこなった例年と比較しても模試等で世界史の成績は高い。アクティブ・ラーニングという「型」にこだわりすぎるのではなく，生徒が歴史の知識を手足のように自由に使えるようになることを意識し，生徒の脳が常にアクティブな状態になるように意識して授業をおこなえば，おのずと成績も含めた結果はついてくる。例えば，単元が終わるごとに，この単元で登場した人物のなかで，この学校の校長先生になって欲しい／なって欲しくない人とその理由は。という問いや，今年起こった世界の出来事のなかで50年後100年後の世界史の教科書に載ってる出来事はあるか，またその理由。などの雑談を生徒とするだ

38

けでも，日頃の授業の内容がより身近になり，脳がアクティブになりやすい。

　それぞれの先生方が，現在働いておられる学校の生徒に一番合った形を模索していくのがベストだと考えるが，基本的に，きちんと学ぶべきことを学べば，歴史的な思考力や多角的な視野は身につくし，その結果として模試や受験にも対応できるはずである。

　また今回，歴史総合を意識した授業を受験生である高校3年生に対しておこなって強く思ったことは，世界史や日本史を専門とする教員自身が「細かい知識や用語を一度捨てる勇気」が必要だということだ。「これまでと比べて内容に深みがない」と感じたとしても，日本と世界を比較して眺め，そこに新たな疑問を見つけることが出来たら成功と言えるのではないだろうか。

【参考文献】
鈴木良始「アメリカ自動車産業と大量生産システムの硬直化過程，1908-1972」(『經濟學研究』48巻3号，1999年)
一ノ瀬俊也『昭和戦争史講義　ジブリ作品から歴史を学ぶ』人文書院，2018年

「二十一カ条要求」
―視点を設定して多面的に論じる―

·· 坂田匡史・小坂至道

▉ 目標

　本実践は，世界史の授業のなかで日本の歴史を扱う単元の授業実践を，歴史総合を意識してアレンジしたものである。「二十一カ条要求」の資料を題材に，これまでの学習で学んだ知識や概念を活用して，多面的・多角的に考察させる。その際，視点を設定し，「見方・考え方」を働かせて歴史的思考力を高めることを目標としている。二十一カ条要求に関して，①日本の立場，②中国の立場，③アメリカなど列強の立場の3つの視点を設定し，1つを選んで考察するというものである。3つの視点に分けることで，「見方・考え方」の違いを明確にし，歴史的な背景等を多面的・多角的に学習することで，学びを深めさせる。

▉ 授業の流れ

導入［15分］　資料「二十一カ条要求」を読ませた後に，加藤高明外相の訓令を紹介し，この要求は第一号から第四号までで，第五号はあくまで希望条項であるということを解説する。

展開1［10分］　教員が設定した3つの視点の問いから1つを選ばせ，考察させ，自らの考えを記述させる。

展開2［10分］　複数の生徒と討議をおこない，問いに対する考察を深めさせる。

まとめ［15分］　何人かの生徒に発表させ，さらに自己の考えを深めさせて，自己評価と振り返りをおこなう。

▉ 授業展開のポイント

　世界史・日本史の授業のまとめや定期考査では，答えが1つの問いだけではなく，歴史的思考力の涵養（かんよう）に繋げることを考えて，次のような複眼的で重層的な豊かな問いを投げかけている。

　こうした日々の授業や考査問題等の学習を通じて培ってきた歴史的思考力を，より一層高めることがこの授業のねらいである。

　今回の授業における(1)問いの工夫，(2)「必然」を生むという2つのポイントを中心に，授業の進行にそって述べていきたい。

例　大航海時代はなぜ始まったか，次の条件を満たすように180字以上200字以内で説明せよ。
〔条件〕　※１　政治的背景・経済的要因・技術的観点・宗教的動機の3つ以上の視点を盛り込むこと。
　　　　　※２　以下の指定語句を必ず使用すること。
　　　　　　　　ジェノヴァ　レコンキスタ　肉食　マルコ゠ポーロ
　　　　　　　　オスマン帝国　快速帆船　中央集権　新航路

定期考査の問いの例

問いの工夫

展開１で生徒に考察させる問いや指示は次のとおりである。

あなたは二十一カ条要求について，どのような視点に着目するか。
　問①なぜ日本の大隈内閣は，このような要求をおこなったか。
　問②なぜ袁世凱の中華民国政府は，この要求を受け入れたか。
　問③アメリカなどの諸列強は，どのような反応を示したか。
　上記の問①〜③より１つ選び，問いに対する自分なりの考えを考察して，二十一カ条要求をどう評価するか，論じなさい。

問い

問①は日本が二十一カ条要求を出した理由，問②が袁世凱の中華民国政府が受け入れた理由，問③はアメリカなどの諸列強への国際的な影響を問うものである。問①②が「なぜ（why）」であり，問③が「どのような（how）」の問いで，これらの問いを通じて二十一カ条要求にかかわる歴史的な経緯を整理できるようにした。ポイントは，Why や How で問いかけることである。

生徒には考えをまとめる際，教科書・資料集や授業プリントなどを材料として取り組ませた。また，問①の選択者には，加藤高明外相の意見（大隈重信邸での閣議）や井上馨の文書などを示し，日本の第一次世界大戦への参戦理由も考察するよう導いた。

資料や補足説明を参考にしながら10分間でプリントに記入して，まわりの生徒と対話的な学習活動を10分間程度おこなわせた（展開２）。対話の相手は同じ選択肢を選んだ者・異なる選択肢を選んだ者，どちらでもよい。同じ選択肢を選んだ生徒同士で意見交換しても異なる視点や根拠で書いており，興味深いようである。

授業で生徒たちは，日本が列強との協調関係を背景に中国での権益拡大を目指して二十一カ条要求を出したことや，それを袁世凱が利用して国内の反日感

情を高めたこと，そして，ほかの列強はヨーロッパでの戦争で手一杯だったことなど，既知の学習内容を活用して，多面的・多角的に考察していた。その後，「まとめ」として何名かの生徒を指名して全体に発表させた（生徒の解答例）。とくに①を選んだ生徒の発表は，日本史の視点を踏まえたものであったので，世界史の視点だけで考えていた多くの生徒に驚きを与えるとともに，もっと考える視点がありそうだと気づかせたようである。

> 選んだ記号①　日露戦争後の戦債返済などで国内経済が悪化し，シーメンス事件などで国民の信用を失った軍部がなおも八・八艦隊建造計画などで軍拡を主張していた。このような国内情勢のなかで，日英同盟を理由に参戦の口実をつくり，日露協約などによる列強の協調関係を背景に中国権益を拡大し，経済の活性化をはかった。この要求は短期的には利益を上げるものとされるが，袁世凱政権がこれを国恥ととらえたように長期的には中国の対日感情を悪化させるものであった。

> 選んだ記号②　袁世凱は自らの独裁的権力を確固たるものにしたかった。袁世凱は日本からの二十一カ条要求を国恥記念日と宣伝として利用することで外圧に対抗できる権威を得ようとした。

> 選んだ記号③　アメリカは1919年のパリ講和会議では，二十一カ条要求を容認して日本の旧ドイツ権益の継承を承認したが，その後1921年のワシントン会議に際して九カ国条約を結び，石井・ランシング協定を破棄して，日本に旧ドイツ権益を返還させた。

生徒の解答例

　授業では，生徒の意見交換・発表を受けて学習内容を調整しつつ，歴史総合の「大衆化」を意識して，各国の国民の反応を確認しておくのもよい。日本史をベースに考えれば，メディア・世論が積極的に世界大戦への参戦や二十一カ条要求を支持していた背景として，戦後経営で悪化していた日本の経済や国民の生活苦が取り上げられる。また，政府が世論を無視できない背景として，日比谷焼打ち事件，第一次護憲運動，シーメンス事件などの民衆騒擾が内閣を打倒しうる力を持ち始めたことを取り上げられるだろう。これらは，授業内で説明をしてもよいし，学習進度や生徒の状況次第で，各自の探究課題としてもよいだろう。

　最後に，二十一カ条要求の第一号～第五号のどれがもっとも問題とされたのかを問い，第五号が内政干渉を意図するものとして中国のみならず英米の反発・警戒を招いたことをあらためて確認し，日中対立のきっかけともいえることに気づかせた。また，二十一カ条要求が，日中関係史のみならず国際関係のなかでどう位置づけられるのか，考察を促した。

学びの「必然」を生むこと

　本実践のポイントは問いの工夫である。それは，生徒の「主体的な学び」の原動力として，生徒自身が「もっと学びたい」や「自分で調べてみよう」と思い続けることが必要だからである。また，生徒自身が，授業での取り組みのなかでわかることとわからないことを内包しながら，「ほかの人はどう考えているのだろう」と感じなければ，対話的な学習活動は充実しないからである。

　教員は生徒の自由な発想を大切にしたいと思いながらも，つい説明や指示をしがちである。生徒にとってみれば教員の説明や指示は思考を方向づけてしまうバイアスでもある。また，教員の指示だから話し合っているという状態であってはならない。それでは，いかなる授業デザインならば，学びの必然性を高めるのであろうか。

　本実践では，問いを3つの視点に分け，そのうちの1つを答えさせた。これは，限られた授業時間だから1つにしているというのではない。生徒は，自由に視点を選べるので，おそらく自分がわかっていて，もっとも自信をもって書きやすいものを選ぶと考えられる。それを文章にさせ，他者と意見交換（説明）させることによって，自分やほかの人の「わかっていること」「わかっていないこと」を可視化することが狙いなのである。

　これが学びの必然性を高める問いの工夫の1つだと考えている。授業内の対話的な学習活動を通じて，「わからない」ことをクラスメイトから教わって「わかる」ようになることで，対話的な学習活動が活発になる。「わからない」と思うからこそ知ろうと思えるのであり，「わからない」からこそ「ほかの人はどう考えているのだろう」と発展するのである。

　本実践では，生徒はどの問いを一番多く選んだのだろうか。実は問い③を選んで書いた生徒が半数以上を占めている。二十一カ条要求に関する歴史的事実を世界史の大きな流れのなかで理解しているからと考えられる。逆に考えると，問い①・②については，「わかったつもり」の状態であるか，「わからない」ということがいえるのではないだろうか。このように，選択肢を設けることで「わからないこと」を可視化する作用をもたらしているのである。

　さらに，問いを選ばせることで，自分の問い，自分の問題意識にするという効果も期待している。過去におこった出来事を「あなたにとってはどうか」と問うことを通して，問題意識が「いま」に転移し，歴史の学習を「おもしろい」とか「役に立ちそうだ」と思えるようになるのではないだろうか。また一

方で，このような動機づけは「あなたにとって」とくり返し問われることでより一層効果を高めるものになるだろう。日中関係史のなかでいかなる位置づけが可能か考えてみるように促すことも「あなたの」評価を問うものである。

まとめ

　教員が，生徒に対して問いがどう作用するかをあらかじめ想定しておくことが重要である。授業の始めに資料を読ませて，第一号から第五号まで補足的な解説(第三号漢冶萍公司の日中合弁化がどのような意味をもつのかなどは，説明しなければわからないであろう)をするのも，問いに取り組ませる前に，これまでの学習で学んできたことを想起させ，知っていることをつくっておくためである。こうして「わかったつもり」の状態をつくっておき，問いに対する答えを記述させてわからないことを可視化することで，学びの必然性を高める問いとなりえる。

生徒の反応と評価の方法

　生徒は，知識量の差が大きい状態でこの授業を受けている。しかしながら，選択肢から比較的取り組みやすいものを選ぶことで，授業に参加できていた。また，対話的な学習活動に際して「歴史的な事象に誤りがある際は指摘してあげよう」と指示したことで，説明を聞く生徒に課題意識をもたせ，非常に活発な議論が見られた。「あなたにとって」どうかを問いにしていることが，よい方向へ転じていたようである。

　振り返りの記述では多様な視点を獲得することができたとする生徒が多かった。なお，振り返りは ICE モデルのルーブリックを作成して記入させているので，その記述例を示したい。

I	学んだことを理解できた。
C	学んだことを生かして，自分の考えを論じることができた。
E	学んだことから，新たな視点を獲得し，論じることができた。

ルーブリック

I	日本史は手薄になりがちだったので，歴史的意義を踏まえながら確認できてよかった。
C	理解していると思ったことも，視点を変えるとまったく違って見えておもしろかったです。
E	日本史の視点だけでなく，世界史の視点からでも日中関係をとらえることが出来ました。

生徒の記述

ICE ルーブリックを用いた振り返りでも，多くの生徒が「視点」という言葉を用いており，資料を活用して「見方・考え方」を働かせることができたといえるだろう。また，生徒の振り返りにフィードバックすることで，生徒のメタ認知をさらに促すように工夫している。さらに，授業で取り組んだ見方・考え方を試験問題に取り入れて問うことで，学びの定着を確認し促すこともできるだろう。

　今後，高校に入学して日本史・世界史を選択する前に歴史総合を受講することを考えると，多面的・多角的に歴史を見ることの面白さを知り，自らの学び方そのものを俯瞰できるように意識させることは重要になってくるだろう。

【参考文献】
土持ゲーリー法一監訳『「主体的学び」につなげる評価と学習方法　カナダで実践される ICE モデル』東信堂，2013年
奈良岡聰智『対華二十一カ条要求とは何であったか　第一次世界大戦と日中対立の原点』名古屋大学出版会，2015年
柞磨昭孝『ICE モデルで拓く主体的な学び　成長を促すフレームワークの実践』東信堂，2017年

第一次世界大戦後の世界
―日米の思惑から考える―

································ 及川俊浩・宮﨑亮太

▋ 目標

　2つの世界大戦を含む19世紀後半から20世紀半ばまでの歴史は，日本史でも世界史でも必ず扱う部分であることは周知の事実である。しかし，その見方は，日本側からみたものと世界各国からみたもので当然違いが出てくる。

　そこで，2つの世界大戦とその前後の歴史について，日本と世界の両方の側から考えることで，歴史に対する多角的な視点を養う授業をおこないたい。その際，1917年に日本とアメリカ合衆国とのあいだで結ばれた「石井・ランシング協定」を使って，第一次世界大戦からその後の時代にいたる両国のあいだに，それぞれどのような思惑があったかを考えさせる。

　簡単にこの時期の歴史背景を概観すると，以下のようになる。

　第一次世界大戦参戦を利用して中国への権益拡大をはかろうとしている日本。日本の中国への露骨な態度を，門戸開放を主張するアメリカ合衆国は嫌がっていた。しかし，1917年4月，アメリカ合衆国は日本と同じ連合国側として対ドイツ参戦したため，日本との関係を見直す必要性に迫られた。

　このようなるなかで1917年11月に締結されたのが「石井・ランシング協定」であった。交渉の際，対ドイツ参戦により日本との関係の調整を優先しようと動いたアメリカ合衆国側は，曖昧な表現ではあるものの，中国における日本の特殊利益を認めざるを得なかった。以後の日本は協調外交を展開していくが，アメリカ合衆国との関係はしだいに悪くなり，満州事変により協調外交は終わりを告げ，ワシントン体制に終止符を打ち，この後，日米も直接対決に入っていく。「石井・ランシング協定」は，1922年に九カ国条約で破棄された。

　なお，本授業は，例年世界史の授業を担当する筆者が，理系クラスの日本史Aの授業を担当したときに，世界史的な背景を意識した授業である。

▋ 授業の展開

　授業では教員による説明時間を極力少なくし，生徒が資料を読む時間や，考えたり発言したり表現したりする時間を取ることを心がけた。まだ改善の余地

がたくさんあるが，これからもさまざまな資料などを利用して多角的に歴史を眺められるような授業づくりをおこないたいと考える。

　なお，教科書は『現代の日本史　改訂版』（〈日Ａ314〉山川出版社，2017年文部科学省検定済）を使用した。具体的な項目は「第4章　第一次世界大戦と大正デモクラシー」の「1　第一次世界大戦と日本の外交」「3　国際協調と軍縮の進展」である。

　前時において，第一次世界大戦にいたる過程と大戦に突入する内容までをおこなう。この過程の実践については，『アクティブ・ラーニング実践集　世界史』（山川出版社，2019年）の「実践11　パズルで学ぶ第一次世界大戦開戦までの流れ」を参照いただきたい。

　以下に本授業の流れを示すが，時間配分はあくまでも目安と考えていただきたい。

①［5分］　日本が第一次世界大戦時に中国への権益拡大を狙って出した，二十一カ条の要求などの内容を説明する。

②［5分］　19世紀以降のアメリカ合衆国の外交について説明する（モンロー大統領以来の孤立外交ながらも，それはヨーロッパに対しての不干渉であり，中国については門戸開放・機会均等を主張していたことなど）。

③［10分］　「石井・ランシング協定」締結について言及し，資料として条文の一部を提示し，生徒に読ませる。この際に，教科書にも記載がある，アメリカ合衆国が日本に認めた特殊権益にあたる部分に印を付けさせ，日本（政治的権益を含む）とアメリカ合衆国（あくまでも経済的なものに限る）それぞれの思惑について，生徒に意見を出させる（協定の曖昧な表現の意味を理解させたい）。なお，今回は読みやすいように作成した口語訳も利用した。文字資料を利用して授業をおこなう場合，授業をする先生方が目の前にいる生徒の状況を考え，原文のままでおこなうか，読みやすいように口語訳を利用するかを選択することを検討していただきたい。

④［10分］　日本の対中政策方針を警戒していたアメリカ合衆国が，なぜこの協定を結ぶことになったのか生徒に考えさせ，答えさせる。

⑤［10分］　パリ講和会議やヴェルサイユ条約について説明し，ワシントン会議ならびにワシントン体制について説明する。このとき，日本とアメリカ合衆国の国内事情についても触れながら，アメリカ合衆国の会議開催の意図や日本側の思惑について考えていくが，先程利用した「石井・ランシング協定」

の条文中の3つのキーワード(特殊権益，中国の領土・主権は完全に存在，日本政府の重ねての保障をすべて信頼している)があることを指摘し，印を付けさせる。

⑥[5分]　四カ国条約締結により日英同盟協約が破棄されたこと，九カ国条約締結により「石井・ランシング協定」の廃案が提起され，翌年破棄されたことなど条約の内容を確認しながら，その後の日本やアメリカ合衆国にどのように影響があったかの意見を出させる。

⑦[5分]　ワシントン体制が崩れることになったきっかけは，どのようなものであるかを考えさせて授業を終える。

> 合衆国及日本国両政府ハ，領土相近接スル国家ノ間ニハ特殊ノ関係ヲ生スルコトヲ承認ス，従テ合衆国政府ハ日本国カ支那ニ於テ特殊ノ利益ヲ有スルコトヲ承認ス，日本ノ所領ニ接壌セル地方ニ於テ殊ニ然リトス，尤モ支那ノ領土主権ハ完全ニ存在スルモノニシテ，合衆国政府ハ日本国カ其ノ地理的位置ノ結果右特殊ノ利益ヲ有スルモ，他国ノ通商ニ不利ナル偏頗ノ待遇ヲ与ヘ又ハ条約上ノ従来他国ニ許与セル商業上ノ権利ヲ無視スルコトヲ欲スルモノニ非サル旨ノ日本国政府累次ノ保障ニ全然信頼ス……
>
> （日本外交文書）

石井・ランシング協定

> アメリカ合衆国と日本国の両政府は，領土が互いに接近している国家の間には特殊な関係が生まれることを承認する。したがって，アメリカ合衆国政府は，日本国が中国において「特殊権益」というものをもつことを承認する。日本の領土に接している中国の地域はことに「特殊権益」が多いことは当然である。しかし，中国の領土・主権は完全に存在しており，アメリカ合衆国政府は日本国がその地理的な関係から「特殊権益」をもつといっても，他国の通商に不利になる不公平な待遇を与えたり，条約によって前から他国に許され与えられていた商業上の権利を無視することはあってはならないという趣旨の日本政府の重ねての保障をすべて信頼している。……

石井・ランシング協定（口語訳）

▓▓▓ 授業展開のポイント

この授業の前提として，以下の3点があげられる。理系クラスでの日本史Aの授業で，受験には絡まないということ。授業全体のうち，チョーク＆トークでの説明の時間も含まれていること。そのときに注意しているのは，生徒が考えるうえで必要となる知識などは授業で説明することである。本校は進路多様校であり，生徒の学力に応じた授業展開を心がけているので，授業中の講義と作業の時間のさじ加減はその都度調整している。

また，「石井・ランシング協定」を資料として取り上げるにあたり，日本史と世界史での扱われ方の比較をおこなった。これまで世界史の授業をおこなう際に，「石井・ランシング協定」を資料として扱うこともあったが，山川出版社発行の『日本史用語集』と『世界史用語集』を見比べてみると，日本史Bの教科書は8冊，日本史Aの教科書は7冊で記載があるのに対して，世界史の教科書は2冊のみとなっている。教科書だけをみると，世界史ではこの協定をあまり扱っていない。

　しかしながら「石井・ランシング協定」は，「歴史総合」を意識するうえで，従来の日本史と世界史の両方において扱うことが考えられるテーマであるので，取り上げやすいのではないかと思われる。

　生徒たちには，日本側に偏ってみるのではなく，世界の国々に偏ってみるのでもなく，両方からみることで歴史の見方が一通りではない，ということを感じさせたいと考える。

　なお，今回の授業では「特殊権益」について，日本側は政治権益を含むと考えていたことに対して，アメリカ合衆国側は経済的関係に限るとしていた点が，生徒から意見として出てこなかった。今後の課題として授業展開を調整する必要を痛感した。

評価

　この授業における評価のポイントは2つあり，1つは生徒達が考えたことを記入するプリントの内容もさることながら，きちんと記入自体がされているかどうかを確認することである。なかには突拍子もない記述も見られるが，まずは記入されていることが大切である。

　もう1つは振り返りのプリントの提出である。基本的には振り返りを2回おこなうように指示する。授業後の振り返りと帰宅後の振り返りで，とくに帰宅後の振り返りは当日受けた授業の復習を確実にさせたいという考えから始めた。振り返りのプリントには当日の授業の内容に関する問題もいくつか出す場合がある。このことにより，授業後の疑問点が解消した，あるいは新たな疑問が浮かんできたなどさまざまな反応がみられるので，生徒の理解度や何よりも自分の授業の見直しにも効果があると考えている[1]。なお，今回の授業では，プリントはあえて白紙にして，生徒が自由に記入できるようにした。どのように使用するかというところまで，生徒に考えさせるためである。

【参考文献】

木村靖二『二つの世界大戦』(世界史リブレット47)山川出版社，1996年

小林英夫『日本のアジア侵略』(世界史リブレット44)山川出版社，1998年

小風秀雅編『大学の日本史　4. 近代　教養から考える歴史へ』山川出版社，2016年

注
1　この内容に関しては『アクティブ・ラーニング実践集　世界史』(山川出版社，2019年)
　実践10，11を参照。

コラム③

参加する国民へ
―公園・公会堂から考える社会の大衆化―

宮﨑亮太

　歴史総合のキーワードの1つに「大衆化」がある。大衆化とは，大衆が政治や社会の動向に大きな影響を与えることなどを指す。現行の世界史B・日本史Bでは，大衆が産業技術の発展にともなう生産量の増加によって近代文明を享受することや，大衆が政治参加することに着目して授業で取り扱うことが多い。しかし，社会の大衆化を生徒にとらえさせることは，なかなか難しい。そこで，生徒にとって身近な都市の「公園」や「公会堂」に着目し，社会の大衆化について考えさせる授業を紹介したい。

　福沢諭吉は『学問のすゝめ』で民衆を「客分」と表現した。牧原憲夫によると，客分とは「生活がひどく脅かされれば，実力行使も辞さないが，みずから権力を担おうとは思いもよらず，新たな治者・治世の登場に期待を託すにとどまる」(牧原憲夫『牧原憲夫著作選集』上巻)ものとしている。民衆は日清戦争・日露戦争などをへて，政治に参加し，主体的な「国民」となり，みずから情報を発信するなど行動が変容していく。この民衆の変容に関して，明治から昭和戦前期にかけて深く関わったのが，都市における「公園」や「公会堂」なのである。

　1873年，各府県に名所旧跡を公園として申し出るよう太政官布達で通達が出され，上野公園や天王寺公園など多くの公園ができていく。一方，公会堂は地方公共団体や民間団体により，集会などをおこなうために明治後期から昭和戦前期にかけて各地で建設され，現在でも東京の日比谷公会堂，大阪の大阪市中央公会堂，名古屋市公会堂など多く建造物が残っている。

　公園や公会堂の役割で重要なのは，国民意識を発揚する式典や運動，民衆運動の舞台となったことである。例えば，開園したばかりの日比谷公園でおこなわれた日露戦争講和条約反対の国民大会に関わって，公園付近で一部民衆が暴徒化した日比谷焼き打ち事件(1905年)や，1922年に京都市公会堂(岡崎公会堂)で開催された水平社創立大会などがあげられる。また，現役を離れた軍人で組織された帝国在郷軍人会は京都市公会堂で参政権獲得を訴える集会を開いたり，婦人参政権運動などの婦人運動も各地の公会堂で講演会や集会を開いたりしている。1930年代には大日本国防婦人会の集会が各地の公会堂で開催されている。

授業では，公園や公会堂などの多数の人々が集える空間ができたことにより集会が可能となり，多数の民衆が集ったことによって民衆運動がどのように形成されて変化していき，社会にどのような影響を与えたのかを考えたい。

　学校の近隣にある大規模な都市公園や公会堂，公会堂に由来する施設を教材として取り上げ，公園や公会堂の現在の役割と歴史的に担った役割の違いを考えることで，現在に引きつけて考えさせることができる。また，地域の博物館・資料館に所蔵されている社会運動のポスターや，国民の戦意高揚をはかるために製作されたポスターなどを活用し，地域の公園や公会堂で何がおこなわれ，どのような影響を与えたのかを考えることもできる。地域から社会の大衆化とは何であったのかを考えることで，地域史と教科書の学習内容との接続も期待できる。

　公園や公会堂などの存在が民衆の変化にどのような影響を与えたのかを考える際，比較する視点があると良い。ポイントとして，次の2点を例示しておきたい。1点目として，自由民権運動の際の，限定されたメンバーの集会（自由民権運動は芝居小屋や寺院などで演説会が開催されている。また，自由民権運動の演説会では酒食が提供されることがあり，入場券が必要な場合もあった。自由民権運動の集会では，武術や芝居の興行とセットになることもあった）と，公園や公会堂で開かれた集会を比較し，教科書に記載されている「民衆」ということばについて，それぞれの時期で具体的にどのような人々を指しているのかということである。2点目として，集会や運動を通して，誰が情報を発信しているか。発信された情報は，どのようなメディアで広がり，どのような影響があったかということである。自由民権運動は新聞などによって情報発信されたが，政府は新聞紙条例など様々な規制を強めていく。一方で，明治後期から昭和戦前期の民衆運動は，提唱した内容が民衆運動の成果として主体的に新聞や雑誌などで情報発信され，やがて民衆運動が政府の政策に大きな影響を与えていくようになることを生徒に着目させたい。大衆化のプロセスを考えさせる上で重要な切り口ではないだろうか。

　さらに，自由民権運動は多数の民衆に藩閥政府への抵抗意識を喚起するという目的はあったかもしれないが，公園や公会堂でおこなわれるような多数の民衆が集う集会とは規模や性質が違うことを考えさせたい。具体的には，集会条例（1890年）と治安警察法（1900年）の集会に関する文言を比べ，自由民権運動が

基本的に結社を核にした各地の集会を重ねてきたのに対し，公会堂や公園では「国民大会」と称して，さまざまなコミュニティの枠をこえた集会であることを生徒に示す。ただし，自由民権運動は憲法を研究する運動や激化事件など諸相があり，一概に自由民権運動の集会に参加した人々が全て客体であったとは言えないため，注意が必要である。

　以上のようなことから，公園や公会堂は社会の大衆化を考えるきっかけになる。歴史総合に適した材料といえるのではないだろうか。

【参考文献】
新藤浩伸『公会堂と民衆の近代　歴史が演出された舞台空間』東京大学出版会，2014年
牧原憲夫著，藤野裕子・戸邉秀明編『牧原憲夫著作選集』上巻・下巻，有志舎，2019年

第二次世界大戦と人類への惨禍
―対立・協調を観点に，国際社会の合意形成のあり方に目を向けさせる―

.... 佐藤慎也・田中駿一

▤ 目標

　第二次世界大戦は，多くの生徒が関心をもつテーマであり，「グローバル化する国際社会に主体的に生きる平和で民主的な国家及び社会の有為な形成者」を育成するうえで欠かすことのできない重要な単元であることは言うまでもない。しかし，多くの生徒は小・中学校までの授業等で大戦が人類全体に惨禍をもたらしたことを知識として身に付けてはいるが，世界と日本の動きを関連付けて考察できる生徒はそれほど多くない印象がある。本実践では中学3年生の生徒を対象に，「二度と世界大戦を引き起こさないために，私たちはどのようなことをする必要があるのだろうか」をテーマに，日本史的な視点と世界史的な視点の両方を可能な限りバランスよく扱い，対立・協調を観点に，国際社会の合意形成のあり方について考察させたものである。高校生向けにアレンジ可能であるため，参考になれば幸いである。

▤ 授業の流れ

導入［5分］　単元全体を振り返り，本時は，世界各国が対立することとなった歴史的事象（画期）について考察・表現したうえで，対立・協調を観点に今日における地球規模の問題に対する国際社会の合意形成のあり方について目を向ける時間であることをつかませる。

展開①［10分］　19世紀後半〜1940年頃までの日本と世界の歴史的事象のうち，世界各国が対立することとなった事象を，教科書や資料集，これまでに生徒がまとめた振り返りシート等を活用して個人でワークシートにまとめる（ブレインストーミング）。

展開②［15分］　グループ（4人1組）で展開①で作成したワークシートを共有したうえで，世界各国が対立することとなった歴史的事象のうち，とくに重要だと思ったキーワードを2〜3つ取り上げる。そのうえで，なぜその歴史的事象が重要だと考えたのか理由をあげさせ，二度と世界大戦を引き起こさないために私たちはどうすべきか，グループで話し合い，議論を深める。

展開③［15分］　展開②で議論した内容を，生徒が発表・全体共有する。

まとめ［５分］　全体共有した内容をふまえ，本時の問いに対する自身の考えを振り返りシートにまとめる。

授業展開のポイント

単元指導計画について

本実践では単元全体のまとめのみを取り扱うが，歴史総合や世界史・日本史探究において重要であることの１つは，単元指導計画と「問い」をいかに緻密に設計できるかにかかっていることと言っても過言ではない。こうした考えから，簡略的ではあるが以下に単元指導計画を示しておきたい。なお，単元指導計画および「問い」の重要性については，及川俊浩・杉山比呂之編『アクティブ・ラーニング実践集　世界史』(山川出版社，2019年)「コラム⑥「深い学び」を実現するための問い」をご覧いただければ幸いである。

	学習内容	問い
第１時	世界恐慌と協調外交の行きづまり	世界恐慌は世界と日本にどのような影響をもたらしたのだろうか。
第２時	共産主義とファシズムの台頭	なぜ世界各国で全体主義的傾向が強まったのだろうか。
第３時	中国の排日運動と満州事変	なぜ国民が軍を支持し，国際社会から孤立することを選んだのだろうか。
第４時	日中戦争	日中戦争が長期化したのはなぜだろうか。
第５時	緊迫する日米関係	日中戦争の長期化によって，国民生活や日米関係にどのような影響を与えたのだろうか。
第６時	第二次世界大戦，太平洋戦争	なぜ日本はアメリカとの戦争を選んだのだろうか。
第７時	日本軍の進出とアジア諸国，戦時下の暮らし，戦争の終結	戦争の長期化によって，植民地や占領地，日本国民に対してどのような影響を及ぼしたのだろうか。
第８時(本時)	第二次世界大戦と人類への惨禍	二度と世界大戦を引き起こさないために，私たちはどのようなことをする必要があるのだろうか(単元を貫く問いを兼ねる)。

単元指導計画

仮説を立てる

　本単元では，「単元を貫く問い」として「二度と世界大戦を引き起こさないために，私たちはどのようなことをする必要があるのだろうか」を設定した。この「単元を貫く問い」とは，単元全体を学習していくなかで考察する問いのことである。この「単元を貫く問い」について，第1時の冒頭に単元全体の概要をつかませたうえで仮説を立てさせた。具体的には，生徒に「第一次世界大戦で人類は悲惨な経験をしたのにも関わらず，再び世界大戦に突入してしまうことになる。なぜ第二次世界大戦に突入することになったのか。また，二度と世界大戦を引き起こさないために，私たちはどのようなことをする必要があるのだろうか」と問いかけた。そのうえで，単元の全体像をスライド1を用いて示したうえで自由に仮説を立てさせた（このときに生徒が立てた仮説は後述の「生徒の反応」を参照）。

導入［5分］

　導入部分では毎時間，グランドルールを確認するところからスタートしている。グランドルールとは授業をおこなうにあたっての最低限のルールを示したもので，生徒に対しては「誰1人として見捨てない，学びのある場をつくるためのルール」というように説明している。本実践をおこなったクラスは，グランドルールに慣れてきたクラスであったため，2学期最初のオリエンテーションで生徒に話し合わせて考えさせたクラスオリジナルのグランドルールをそのまま用いた。数名の生徒を指名して答えさせることで，本時の学習に対して集中させることができる。その後，単元の全体像と本時の問い「二度と世界大戦を引き起こさないために，私たちはどのようなことをする必要があるのだろうか」（スライド1）とルーブリック（スライド2）を確認させた。

展開①［10分］

　歴史学習において，今日における地球規模の問題に対する国際社会の合意形成のあり方について，対立・協調を観点に目を向けさせるためには，本時までに学習した歴史的事実をしっかりと振り返らせる必要がある。そのため，教科書や資料集，そして，これまでの学習内容について生徒が100字程度の文章でまとめた振り返りシート（詳細は，及川俊浩・杉山比呂之編『アクティブ・ラーニング実践集　世界史』「コラム⑦振り返りシート・評価の工夫について」を参照）等を用いて，19世紀後半〜1940年頃までの日本と世界の歴史的事象のうち，世界各国が対立することとなった事象を，政治・経済・思想・文化など

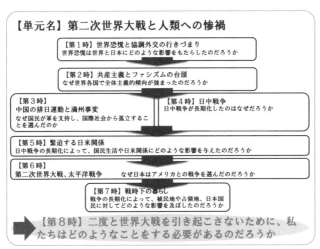

スライド1

今日の問い「二度と世界大戦を引き起こさないために、私たちはどのようなことをする必要があるのだろうか」

SS(大変良い)	S(良い)	A(もう一息)
二度と世界大戦を引き起こさないために私たちがすべきことについて、世界各国が「対立」することとなった歴史的事象のうち、特に重要だと考えた事象を多面的(政治・経済・思想等)・多角的(世界・日本の立場等)な視点から取り上げたうえで、それらが重要だと考えた根拠を示しながら、自身の考えを100字程度で具体的に説明している。	二度と世界大戦を引き起こさないために私たちがすべきことについて、世界各国が「対立」することとなった歴史的事象のうち、特に重要だと考えた事象を一面的な視点から取り上げたうえで、それらが重要だと考えた根拠を示しながら、自身の考えを100字程度で具体的に説明している。	二度と世界大戦を引き起こさないために私たちがすべきことについて、歴史的事象や根拠を示さずに、自身の考えを100字程度で説明している。

スライド2

の視点から，できるだけ多く取り上げるよう指示する（ブレインストーミング）。

展開②[15分]

　まず，グループ（4人1組）で司会進行役となるリーダーを1人決めさせたうえで，リーダーの両隣にいる生徒2人があとで他のグループに移動して，自分たちのグループの意見を発表・説明することを予告した。その後，展開①で各自で作成したワークシートをグループ内で共有したうえで，世界各国が対立す

第5章 第2節「第二次世界大戦終結までの日本と世界」

第α222～243、頁p.174～189

第二次世界大戦と人類への惨禍

組　番　氏名

<学習のポイント>
二度と世界大戦を引き起こさないために、私たちはどのようなことをする必要があるのだろうか

I．今日の授業の流れ（1時間）※目安

1. 導入・個人ワーク　15分
2. グループワーク　25分
3. 全体共有・まとめ　10分

II．【個人ワーク】振り返りシート・教科書・資料集・授業プリント等を参考に、世界各国が対立するにどことなった歴史的事象を、以下の表を視点を意識しながら書き出そう。

※ 考え方視点… 政治、経済、思想、文化など

年	世界	日本
～1900	・義和団事件	・日清戦争　・ポーツマス条約
～1910	・辛亥革命	・日露戦争　・韓国併合 ・日韓協約
～1920	・第一次世界大戦　ロシア革命（社会主義） ・第一次世界大戦（国際連盟）三国協商 ・ベルサイユ条約　・民族自決 ・ワシントン会議　オランダ／ドイツ	・二十一か条の要求 ・シベリア出兵 ・米騒動　1918
～1930	・世界恐慌　1929	・関東大震災　・治安維持法 ・満州事変 ・五・一五事件
～1940	・日独伊三国同盟　・第二次世界大戦始まる ・国家総動員法　・二・二六事件 ・ニューディール政策	・国家総動員法 ・二・二六事件 ・太平洋戦争

ワークシート

III．【グループワーク】「個人ワークで取り上げた歴史的事象のうち、重要だと考えたものを取り上げ、取り上げた事象がなぜ重要だと捉えたのかを示し、二度と世界大戦を引き起こさないために私たちはどうすべきか、グループで考えてみよう。」

○ グループ番号：（　②　）（　　　　）（　　　　）
○ メンバーの名前：（　　　　　　　　　　　　　　）

【重要な事柄】（個人ワークで取り上げた事象の中で重要だと考えたものの抜粋）

全体主義　ファシズム

【なぜ取り上げた事象が重要だと考えたのか】
個人の人権より国家が優先（ヒトラーの独裁）を重要だと考えた

【私たちはどうすべきか】
歴史について次世代の国民に受けつがせていく。
自国だけの主観的な考え方ではなく、世界全体をひとつにする平和を広げることが大切

IV．【全体共有】グループワークで考えた、お互いの意見を以下にメモしよう。

① 全体主義　色々な人が意見を言うべき
② 多様な考え　別の国を知る下の段階　異なる文化を知る
③ ニュース事件　１つの情報が広くいく　下のことを参考に　例　ヨーロッパ
④ 民族の独立　今後もおさえつけず　皆に
⑤ 核兵器　いつまでも保存しておく　身近なくらしの中から

【ルーブリック】

SS（大変良い）	S（良い）	A（もう一歩）
二度と世界大戦を引き起こさないために私たちがすべきことについて、世界各国が対立することになった歴史的事象のうち、特に重要だと考える事象を複数の視点（政治・経済・思想・多様性）から取り上げて、日本のみならず世界の歴史を100字程度で具体的に説明している。	二度と世界大戦を引き起こさないために私たちがすべきことについて、取り上げた歴史的事象のうち、特に重要だと考える事象を一部の視点から取り上げて、自身の考えを示しながら、自身の視点を100字程度で具体的に説明している。	二度と世界大戦を引き起こさないために私たちがすべきことについて、歴史的事象を示すにとどまり、自身の考えを100字程度で説明している。

NO.33

ることとなった歴史的事象としてとくに重要だとグループとして考えたものを，2～3つほどに絞らせた。そして，なぜその歴史的事象が重要だと考えたのか理由をまとめさせたうえで，「私たちは二度と世界大戦を引き起こさない（協調していく）ために私たちはどうすべきか」考察させた。この際の「私たち」は自分自身のことはもちろんのこと，国や地方公共団体，地球市民としての「私たち」でも構わないことを伝えた。

　今回の場合は，活発な意見交換がなされていたが，グループによって，歴史的事象をふまえて，世界大戦を引き起こさせないための方策が十分に考察できていないところも一部で見受けられたため，「なぜその方策がよいと思ったの？」「歴史的事象をふまえ考えることができている？」などと問いかけ，歴史的事象をふまえ考察するよう促した。とくに近・現代史になると，感覚的な議論となりがちであるため，先生方が実践される際にはこの点をご留意頂き，適切に介入することを強くおすすめしたい。

展開③〔15分〕

　生徒を以下のイメージのように移動させ，展開②において議論した内容を共有・議論させる。具体的には，A及びCの生徒が，となりのグループのA及びCの席に移動し，移動した先で3分間で互いのグループの意見を共有・議論させた。この際，生徒にはワークシートに他のグループの意見をメモさせた。これを2回繰り返したうえで，A及びCをもとの自分の座席に戻らせ，対

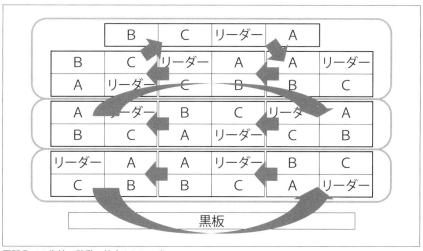

展開③での生徒の移動の仕方（イメージ）

立・協調を観点に，再度，「私たちは二度と世界大戦を引き起こさない（協調していく）ために私たちはどうすべきか」考察させ，自分たちのグループの意見をブラッシュアップさせた。この一連の動きの際に，教員が隈なく机間指導をおこなうことで，どのグループの意見に深まりが見られるか把握し，その後，議論がとくに白熱し深まりが見られた数グループに全体で発表させた。

まとめ［5分］

展開③をふまえ，「単元を貫く問い」である「二度と世界大戦を引き起こさないために，私たちはどのようなことをする必要があるのだろうか」に対して，生徒各自の考えをルーブリック（スライド2）に照らして，振り返りシートにまとめさせた。また，この単元を学んだことは生徒自身にとってどのような意味があったか，これからの社会はどうあるべきでその実現のためには何が必要であるのかなどといった，生徒の気付き・疑問点等も記入させることで，歴史的な見通し，展望，自己との関わりについて考察させた。

生徒の反応

生徒が本単元の冒頭で振り返りシートに書いた仮説と，本時の問いに対する「答え」は以下の通りとなった（一部抜粋）。

仮説	本時の問いに対する「答え」
虐げられているものがいないか考え，常識も疑い，相手の立場に自分をおき，多側面的に物を見ること。	全体主義，帝国主義が大きな要因と考える。その2つは国家の利益を最重要視して，国民の人権を軽視したり，国家が情報統制をして国民が戦争に前向きになるからだ。だから，私たちは情報統制や人権軽視の法律やムードに敏感になり，反対するのが重要だ。
秘密をつくらないこと。道徳の授業をみんなちゃんと受けて人の命の大切さを学ぶ。過去の戦争の愚かさを理解する。	世界各国はサラエボ事件と世界恐慌によって対立した。民族同士の争いに，第三者の日本などが便乗して争いを大きくした。また恐慌によりブロック経済ができる国とできない国で真っ二つになった。私たちは国の金融・紛争等の情報を共有していくべきだと思う。
お互いの文化の違いを理解すること。後世に戦争の恐ろしさを伝える。	世界大戦が起きた理由はヴェルサイユ条約による国のあいだの格差や世界恐慌による英米の自国だけを守る行動だと思った。ブロック経済は日独伊を苦しめ，三国同盟にも繋がった。だから，世界大戦を引き起こさないためには，世界各国が互いに助けることが必要だと考えた。

生徒の仮説と答え

また，本単元を学んだ生徒の気付きや疑問点には以下のようなものがあった（一部抜粋）。

- 今までは戦争の悲惨さ，つまり結果に目がいきがちだったが，学んだことで戦争までの過程を知ることができて，どうすれば戦争を引き起こさずに済むか，考えることができた。授業では取り扱われなかったが，1940年の東京オリンピックはなぜ東京に決まったのか。その時点で世界各国と対立していた気がする。
- 過去に2度も世界大戦が起き，人々の生活が大きく変化してしまっていたことを学んで，平和な日常を送ることができている今に感謝するべきだと気づいた。二度と世界大戦を引き起こさないために，私たち1人1人が戦争に対して反対する意識をもち，参加しないことが大切だと気づいた。

▰▰ 評価の方法

　振り返りシートの本時の問いに対する「答え」の記述内容と，仮説とを比較して単元の最終時にどの程度深まりが見られるか，といった点については，形成的評価としておこなっており点数化はしていない。これを点数化すると，生徒が「模範解答」を求めるようになってしまうと考えたからである。また振り返りシートにはMVS（Most Valuable Student）として，授業中に活躍した生徒の名前と理由を書かせる欄を設けている。多くの教員が授業中に生徒が取り組んでいる様子を観察するかと思うが，クラス全員がどのような発言をしているか，100％把握することは現実問題難しいだろう。そこでMVSを導入し，教員自身の観察も含めて総合的に勘案し，平常点として評価することで，可能な限り評価に妥当性をもたせようとしたのである。

【参考文献】
吉田裕『シリーズ日本近現代史6　アジア・太平洋戦争』岩波新書，2007年
加藤陽子『それでも，日本人は「戦争」を選んだ』朝日出版社，2009年
筒井清忠編『昭和史講義』ちくま新書，2015年

ベトナム戦争にみる冷戦構造の実相と変化

小坂至道・坂田匡史

■ 目標

　1970年代までの冷戦を一通り学習した後に，世界史・日本史共通で学習するベトナム戦争を軸に，各国の政府の対応や国民の反応を対比し，相互に影響し合う国際関係について考察させる。朝鮮戦争との対比を通じて，冷戦構造が1950年代と1970年代でどのように変化したのか，そのことで各国に与えた影響はどのようなものであったか，を探究させたい。

　本実践では，生徒が各国政府や国民へとさまざまな立場に視点を移して当事者性をもって考えることと，冷戦構造を複眼的にとらえて考えることで，歴史的思考力の涵養を目指す。

■ 授業の流れ

前段階　インドシナ戦争からベトナム戦争（開始〜終結）への流れをアメリカの戦略に着目させて学習する。適宜，視聴覚教材を活用する。

本実践　下記の①〜③を，資料文の読み取りやタブレットなどを使った調べ学習を通じておこなう。個人での取り組みののち，ペアやグループで確認し，説明し合うという形式を反復する。

展開①［20分］　ベトナム戦争への各国の対応とその理由を考える。

　日本・中国・韓国／北朝鮮では，それぞれ政府や国民がどのような理由でどのような主張・対応をしたのかを整理する。

展開②［10分］　韓国・中国・日本での日韓基本条約への反対の理由は何かを考える。

　上記①と関連し日韓基本条約への反対運動が出てくる背景を考察することで，中国については冷戦構造での対立，韓国については歴史認識や賠償請求の放棄などの問題があることを整理する。

展開③［15分］　ベトナム戦争を通じて，どのように冷戦構造は変化したかを考える。

　朝鮮戦争と対比し，東西陣営の多極化で複雑化する冷戦構造，アメリカの

国際的地位の低下とその影響などを総合的に考察し，国際政治への視点をもつ。

終結［5分］　リフレクションシートに記入する。

　　授業を通じて考えたことや気づいたこと，疑問に思ったことを書き出す。

　時間的な余裕があればその場でフィードバックし，さらに思考を深める。

■■■ 授業展開のポイント

個人の調べ学習からペア・グループで討議をおこなうことで，学習内容への理解を深める

　展開①・②では，用意した資料（授業プリント「ベトナム戦争への各国の反応」）や教科書・資料集などから各国・国民の対応の違いを知って，その理由を調べ，検討していくこととなる。生徒個人が，資料をもとに内容の読み取り，わかることを書き出して，その後，ペアないしグループで，その読み取り内容を共有し合った。

　対話的な学習活動の留意点としては，いきなりペア・グループでの作業としてしまうと，「できる生徒」に頼ることを前提に「待ち」の姿勢をつくってしまう生徒も出てきかねない。生徒によって，資料を活用する力や表現力に差があるのは当然なので，いったん個人で取り組む時間を十分に確保することで，どの生徒にも自分で必要な情報を探し，考える時間を与えるようにしている。そして，自分なりにこれだと考える意見をある程度もたせて，あるいは資料の内容などに疑問をもたせた段階で，ペア・グループでの情報交換・相互説明に入る。このことで，相手に伝える意見や疑問が用意されているので，自ら進んで対話的な学習活動に取り組みやすくなるのである。これは，シンク・ペア・シェアの考え方をベースにしている。

　生徒間での対話的な学習活動では，学習内容を文章化し，それを説明しあうというように外化させることで，疑問点や理解の不十分な点を明確化させる働きをもたせられる。また，生徒相互で疑問点等を解消できたり，授業後に教員に質問したりしやすくなる点にもメリットがある。こうした活動は，「わかった」と「わからない」を明確にし，自己の課題としてさらに問い，自ら解決しようとする学習者を育てることにつながるのではないだろうか。

　本実践ではタブレットの使用が可能であったので，歴史学習に興味のある生徒は，資料を読み取って疑問に思った言葉や事柄をネットで検索するなどして学習を深めていた。一方で，歴史学習や資料の読み取りに自信がない生徒には，

Q1　ベトナム戦争に対して、各国はどのような理由でどのように
　　対応したのか（政府や国民の立場で書き出そう）。

【日本】
　1964年8月4日、アメリカがトンキン湾事件を口実に北ベトナム海軍基地を報復爆撃すると、日本では早くも8月10日、社会党や共産党、総評（日本労働組合総評議会）など137団体が、日本政府のアメリカのベトナム軍事介入支援に反対してベトナム戦争反対集会を開催した。つづいて1965年4月、作家の小田実、開高健、評論家の鶴見俊輔ら38人の呼びかけで「ベトナムに平和を！市民文化団体連合」（通称「ベ平連」）が結成された。ベ平連は日本の市民運動として画期的な意義をもち、ベトナム反戦運動に新しいスタイルを打ち出した。ベ平連の運動は、運動参加者の自発性を重視する平和運動だった。
　1966年6月、アメリカが北ベトナムの首都ハノイとハイフォンを爆撃することを契機に日本におけるベトナム戦争反対運動が本格的におこなわれるようになった。同年7月の総評定期大会で10月中旬の抗議ストライキを含む「ハノイ・ハイフォン爆撃に抗議するたたかい」の決議を採択し、10月の臨時大会で10・21反戦ストライキを決定した。この統一行動には、総評・中立労連など91単一産業別組合 210万6000人がストライキに参加した。日本の労働者が現におこなわれている戦争に抗議してストライキをおこなったのははじめてのことであり、世界労働運動史上にこのる反戦ストライキだった。総評はこれを国際的な共同行動を呼びかけ、10・21は日本ベトナム反戦の国際的な統一行動に発展し、以後国際反戦デーとなっている。
　安保闘争を担った革新政党や労組、諸団体、さらに新たな発展をみせた市民運動の組織が、ベトナム戦争反対運動を展開したのには日米軍事同盟によって日本がふたたび戦争にまきこまれるという恐れがあった。日本の国民には戦争による悲惨な被害と犠牲の記憶が強く残っており、アメリカのベトナム戦争に反対する世論が強かったのである。

★佐藤栄作首相　衆議院予算委員会答弁（1965.8.5）
　私自身もアメリカのとった態度はなかなか納得がいかない。これはこのまま率直に言えることであります。……まさかベトナム戦争に日本が加担する、韓国のようにこれに出兵する、こんなことを日本の政府は考えているということはないことはもう百も御承知だと思います。

（空欄）

【中国】
　アメリカが本格的にベトナム戦争を開始した1965年、日本の青年学生団体を代表する500名が8月と11月の2回にわかれ、まだ国交のなかった中国を訪問し、中日青年友好大交流会に参加した。日本青年代表団の第1陣は、9月12日、上海で10万人の中国青年学生とベトナム戦争に反対する大規模なデモ行進をおこない、「日中 両国の青年はいっしょになって団結し、アメリカ帝国主義の侵略に反対しよう」などのスローガンを叫んだ。第2陣の日本青年代表団は、日本政府が旅券発行を妨害したため、数カ月の闘争を経てようやく訪中できたのである。1965年11月16日、北京の人民大会堂に北京の青年1万余人と日本の青年代表団が参加して、アメリカのベトナム侵略戦争に反対し、日韓条約に反対する大集会をひらいた。集会では、胡啓立中国全国青年連合会副主席が、アメリカと日本の反動派がベトナム侵略戦争を遂行する一手段として締結した日韓条約に反対して、中国と日本の朝鮮の青年ならびにアジアの青年が団結して闘うことを呼びかけた（『人民日報』1965年11月17日付）。
　当時中国政府の指導者は、ベトナム戦争が朝鮮戦争のように、米中戦争に発展することを警戒し、アメリカのベトナム戦争の究極的意図の情報分析を進めると同時に、アメリカ非難と対米対決の姿勢を強めていた。そして、国内に向けて「中国人民は最大限を尽くしてベトナム人民の抗日侵国闘争を支援する」と表明し、国際社会に向けて、「ベトナム人民とインドシナ人民の反米武装闘争を断固として支持すべきである」と訴えていたのである。

（空欄）

参考：『新しい東アジアの近現代史 上』日本評論社、『新詳日本史』浜島書店

【韓国】
　1964年末から韓国ではベトナム派兵問題に対し、政府と言論界から多くの論議があった。言論界では、派兵が韓国に深刻な問題を残すことになるという批判的な意見が出た。しかし、派兵反対の世論をさらけ出す勇気をもった新聞社はなかった。ごくまれに外信欄で米国のベトナム戦争に反対する外国の知識人らの発言を載せるという程度のことだった。野党と学生らの間でもベトナム戦争に反対する声は見出すことができなかった。反共主義が注入されている韓国において、米国のベトナム戦争は共産主義に対抗し、自由を守るための戦争として受け取られていた。そして、韓国がベトナムへ派兵することは、朝鮮戦争時に受けた借金を韓国が自由世界に返す行為なのであり、韓国軍の派兵は「自由の十字軍」とほのめかされていた。
　韓国と正反対の北朝鮮は、1964年からアメリカのベトナム戦争に強く反対しはじめた。その年の6月には北朝鮮の外務省は、アメリカのベトナム戦争を帝国主義の侵略だと糾弾する声明を発表した。1965年3月には15万名の勤労者が参加しアメリカのベトナム戦争に反対し、ベトナム人民の闘争を支持する平壌市群衆大会がひらかれた。北朝鮮は1967年の1年間だけで、米国のベトナム戦争を糾弾しベトナム人民を支持する群衆大会を60回余りにわたっておこなった。
　このように南北朝鮮の政府と国民（人民）は、ベトナム戦争に対して全く相反する姿勢を取っていた。朝鮮戦争後、韓国では反共産主義が、北朝鮮では反米主義が根を下ろした結果であった。韓国でベトナム戦争を批判的にみつめはじめるのは、1980年代以降であり、1992年のベトナム政府との修交以降、韓国軍のベトナムにおける虐殺問題などが取り上げるようになった。

★猛虎部隊歓送式における朴正煕大統領の諭示（1965.10.12）
　我々がベトナムにおいて共産侵略を防ぐことができないならば、我々は遠くない将来に東南アジア全体を喪失することになり、さらに、わが大韓民国の安全保障も確保することができないと私は断言する。ベトナム戦線と我々の停戦ラインが直結しているという理由が、まさにここにある。わが国軍将兵がベトナム戦線で戦う根本目的と大義名分もここにある。

日韓会談に反対する韓国の大学生（1965年）
　日韓交渉は、歴史認識や戦後補償などで対立。しかし、ベトナム戦争中の中、国交正常化による日本からの経済援助を期待する韓国と高度経済成長でアジアへの市場拡大をめざす日本は、経済協力の観点で歩み寄り、交渉が進んだ。これに対し、韓国では屈辱外交として反対運動がおこった。

（空欄）

Q2　中国と韓国で日韓条約に反対した理由はなんだろう？

（空欄）

Q3　ベトナム戦争を通じて、朝鮮戦争期と比較して冷戦構造はどのように変化しただろうか。

（空欄）

3年　　組　　番＿＿＿＿＿＿＿＿＿＿＿

授業プリント「ベトナム戦争への各国の反応」

机間指導で声をかけて，個々の不安や問いに応える形で学習を促した。

　では，以下に，授業展開にそって学習内容や実際の生徒の問いへの回答を述べたい。

展開①［20分］　ベトナム戦争への各国の対応とその理由を考える。

　日本史をベースとする本実践では，日本のほか，中国と韓国／北朝鮮を比較する国として取り上げた。

Q1　ベトナム戦争に対して，各国はどのような理由でどのように対応したのか（政府や国民の立場で書き出そう）。

> 《生徒の記述例》
> ・日本では，太平洋戦争の経験から日米軍事同盟で日本がベトナム戦争に巻き込まれることへの恐れが強まった。その結果，反戦運動が起きた。
> ・日本では，労働者など一般市民も自主的に反戦運動に加わった。
> ・日本政府も全面的にアメリカの戦争を支持したわけではなかった。
> ・中国は，ベトナム戦争が朝鮮戦争のときのように，中国 vs アメリカとなる事態を防ぎたかったので，大規模なデモ行進・集会で反対運動を起こした。
> ・中国は，アメリカの帝国主義的な侵略を批判した。
> ・ベトナム戦争のためにつくられた日韓条約に反対した。
> ・韓国では，「自由のための闘い」と正当化されていて，新聞なども戦争反対の記事は載せられない空気があった。
> ・韓国は，朝鮮戦争での借金を返す意味もあって，ベトナム戦争に出兵せざるを得なかった。
> ・北朝鮮は，中国に合わせて強く戦争反対を訴える集会を開いていた。

展開②［10分］　中国・韓国・日本での日韓条約への反対の理由は何かを考える。

　上記①の内容を踏まえ，そのなかで日韓基本条約への反対運動がどのような理由でおこなわれたのかを整理したうえで，日本ではどのように受け止められていたのかも考察させた。

Q2　中国と韓国で日韓条約に反対した理由はなんだろう？

> 《生徒の記述例》
> ・中国…日韓基本条約はベトナム侵略の一手段と考えていた。
> 　　　　アメリカの戦争支援体制づくりの一環ととらえて反対。
> ・韓国…（おもに政府）日韓併合条約をどうとらえるかの歴史認識の問題があった。
> 　　　　日本が韓国へ経済協力をおこなうという立場をとったため反対。
> 　　　　（おもに学生など）結局，政府が日本からの経済援助を期待して妥協したため，「屈辱外交」として反発。

　資料の読み取りからおおむね上記のような内容を書き出していた。そこで，改めて，「日韓条約を日本国内ではどうとらえていたか」と問うた。最初は，

条約を締結した結果から「賛成した」，現在の日韓関係をイメージして何となく「反対した」など，特段の根拠をもたず答える生徒もいた。しかし，「少なくとも中国や韓国側で反対があってもめるということは，必ず対立点があって，お互いの主張がぶつかっているということですよね」と言葉を添えたことで，生徒は改めて調べなおし，当事者の韓国とおもにぶつかっていること，日本国内でも歴史認識や戦後補償をめぐって対立していることが明らかにされた。生徒のなかには，現在，日韓両国で取りざたされているさまざまな諸問題について話題を出し，過去と現在がいかに結びつくか考察するものもあった。また，それぞれ反対運動があっても，結果的には政府間では政治的に決着していったことから，冷戦構造やアメリカの影響力のなかで，各国の政治の限界があることに気づいたものもいた。

　このように，資料の読み取りから何となくわかったつもりで答えることに対して「より具体的には」「なぜそうなったのか」と重ねて問うことで，理解の不十分さを自覚させ，さらなる学習へ導くことができるのである。

時代を俯瞰して考える

　歴史の学習では，ともすれば，個々の事件の内容整理にとらわれ，全体像を見失いやすい。そのため，ある程度学習が進んだところでこれまでの学習を振り返る時間をもち，時代の流れやその変化を大きくつかみ取る工夫を入れることが大切であろう。

　学びのふりかえりにあたって，その内容を文章化することで，そもそもの論理的な表現（説明）力を問うことができると同時に，自らの理解の程度を明らかにし，不十分さがあれば学びなおすきっかけとなると考える。

展開③[15分]　ベトナム戦争を通じて，どのように冷戦構造は変化したかを考える。

　対比を明確にするために，朝鮮戦争期と比較してベトナム戦争を通じて冷戦構造がどのように変化したかをまとめさせた。

　実際の授業では，展開①・②での活動を受けた流れでおこなったため，先にペアやグループで話し合い，相互に要点を出し合ったり，その説明を聞きあったりする姿が見られた。その後，生徒に，朝鮮戦争期とベトナム戦争期でどのように冷戦構造が変わったか考察させ，文章化させた。

Q3　ベトナム戦争を通じて，朝鮮戦争期と比較して冷戦構造はどのように変化しただろうか。

・朝鮮戦争のときは，単純にアメリカ vs ソ連・中国だったが，ベトナム戦争では東側でソ連と中国の対立も大きくなった。
・ベトナム戦争でアメリカの信頼が低下した←枯葉剤をまいたり，虐殺事件を起こしたりして批判された。軍事費も使いすぎた。
・アメリカはベトナム戦争を通じて国力を低下させ，中国とソ連も対立し，多極化がいっそう進んだ。
・米中接近があったため，共産党の中国が地位を向上させ，台湾の中国が地位を低下させた。
・朝鮮戦争では南北分断のままだったが，ベトナム戦争では共産主義勢力がベトナムを統一したので，アメリカの国際的影響力が低下した。
・日本では，朝鮮戦争でもベトナム戦争でも「特需」があったので経済力をつけ，西側陣営での発言力が高まった。

　上記のように，それぞれの国の政治・経済状況に言及したうえで，国家間の関係の変化を，その因果関係をふまえて対比的に表現できていた。国際政治について，複眼的にとらえる力がついてきたといえるだろう。

生徒の反応と評価

　資料の読み込みを通じて知識を整理し，考えたことをペア・グループで相互に説明し共有することで，要点を整理できたほか，繰り返し説明し，相手に理解される感触を得て自信をもち，徐々に意欲が向上した生徒もいた。

　Q3で考察させた「変化」については，必ずその前後で対比するものを明らかにして考えるように，とくに強調した。同じ国（政治・経済体制など）が前後でどう変化するかだけでなく，その国（政治・経済体制など）と関連のある国（政治・経済体制など）への影響を含めてどう変化したのか，と問うのである。その結果，「アメリカの地位低下に対してソ連は？」「中国といえば，台湾はどうなった？」「アメリカがお金を使いすぎたなら，逆にもうける国もあるはず…」などの発言が出てきたことは，ものごとを考察する1つの型を身につけられてきたということが言えるのではないだろうか。

終結［5分］　リフレクションシートに記入する。

　最後に，生徒に学びのまとめ（気づいたこと・考えたこと）と自己・他者評価（自分の主体性，他者からの支えられた言動など）のためのリフレクションシートを記入させている。本実践での授業の内容や活動についての振り返り（項目1）には，知識内容の確認のほかに，次のようなものがみられた。

リフレクションシート

《生徒の記述例》
・韓国と日本では，当時それぞれどのくらい報道の自由があったのだろうか。
・冷戦といっても，それぞれの国の立場というか利害関係で，少しずつ違う考え方がある。朝鮮戦争のころより，ベトナム戦争のころのほうが，そういう傾向が強くなった？
・日本でも韓国でも学生が運動している。いまの大学生だったら反対運動とかするのかな？

　これらは，「ペアやグループで話し合ったときに素朴に思ったことを書いていいよ」とか「今の自分たちの生活とくらべてどうかな？　という視点で見てみよう」という指示を普段から心がけているなかで出てきたものである。「冷戦といっても…」という多極化に関わるコメントは，最初は「冷戦はややこしい」という一言であったのに対し，「どういうところがややこしい？　具体的には？」というような問いを重ねたのに対して，「アメリカとかソ連・中国だけじゃなくいろいろな国が関わっている」「敵味方がはっきりしない国もある」といった回答を重ねて最後にまとめられたものである。また，「国内の事情で，

途中で態度を変えた国もあるような…」と，政治・経済等の要因についても探究が深まりそうなコメントがあったことにも期待を大きくできた。

　このようなリフレクションとフィードバックの往還が「指導と評価の一体化」であり，形成的評価を通じて生徒の学習を支援することにつながるものと考えている。

【参考文献】
日中韓3国共同歴史編纂委員会編『新しい東アジアの近現代史　上　国際関係の変動で読む未来をひらく歴史』日本評論社，2012年
歴史学研究会編『世界史史料11　20世紀の世界Ⅱ　第二次世界大戦後　冷戦と開発』岩波書店，2018年

地域紛争とグローバル化
―年表を作成し必要な情報を抽出・整理し，表現する―

‥‥‥‥‥‥‥‥‥‥‥‥‥‥‥‥‥‥‥‥‥‥‥‥‥‥‥‥‥‥‥‥‥‥‥‥‥ 佐藤慎也・田中駿一

目標

　戦後史は，現在に直接つながるからこそ面白いと感じる生徒が多い一方で，政治と経済が複雑に絡み合っているために難しくとらえる生徒も少なくないようである。本実践では中学3学年の生徒を対象に，第二次世界大戦直後の1945年から2000年までの世界と日本の歴史を扱った。また戦後史が苦手な生徒も参加しやすいように，年表を作成し必要な情報を抽出・整理する活動を通して，「我が国の民主化と再建の過程，冷戦，石油危機と高度経済成長，市場開放と経済の自由化，冷戦の終結などを基に，国際政治の展開と国民生活の変化などに着目して，国際政治や市場経済のグローバル化の特徴と日本の役割について多面的・多角的に考察し，表現する」ことを本時の目標として取り組んだ。高校生向けにアレンジ可能であるため，参考になれば幸いである。

授業の流れ

　本実践は当初50分授業で設計していたが，新型コロナウイルス感染症にともなう全国一斉休校直前の授業であったことから，急遽40分短縮授業に設計し直し，以下のように実践した。

導入［5分］　単元全体を振り返り，本時は，国際政治や市場経済のグローバル化が進展したことにともなう影響と日本の役割について考察する時間であることをつかませる。

展開①［10分］　1945〜2000年頃までの日本と世界の歴史的事象（画期）について，教科書や資料集，これまでに生徒がまとめた振り返りシート等を活用して，個人で年表にまとめる。

展開②［10分］　グループ（4人1組）で展開①で作成した年表を共有したうえで，生徒にとってとくに身近だと感じたグローバル化の進展に関する歴史的事象を取り上げ，第二次世界大戦後の国際政治や市場経済のグローバル化がもたらした成果と課題はどのようなものか，グループで考察しワークシートにまとめる。

展開③［10分］　ワークシートを黒板に貼り，生徒が発表・全体共有する。

まとめ［5分］　全体共有をふまえ，本時の問いに対する自身の考えを振り返り
シートにまとめる。

▥ 授業展開のポイント

単元指導計画について

　実践7と同様に本実践では単元全体のまとめのみを取り扱う。簡略的ではあ
るが以下に単元指導計画を示しておきたい。

	学習内容	問い
第1時	占領下の日本と日本国憲法(GHQ，五大改革指令，日本国憲法)	占領下の日本でおこなわれたさまざまな政策の目的は何であったのだろうか。
第2時	朝鮮戦争と日本の独立回復(鉄のカーテン，ロイヤル演説，朝鮮特需)	日本はなぜ独立を回復することができたのだろうか。
第3時	冷戦と日本(スターリンの死，雪どけ，キューバ危機，ベトナム戦争)	核戦争の危機がどのように訪れたのだろうか。
第4時	世界の奇跡・高度経済成長(レッドパージ，吉田茂，鳩山一郎，岸信介，池田勇人)	高度経済成長によって，人々の生活はどのように変化したのだろうか。
第5時	冷戦の終結①(ブレトンウッズ体制，金ドル本位制，ドルショック，ニクソン訪中，天安門事件，変動相場制，石油危機，先進国首脳会議)	石油危機後の世界と日本はどのような歩みを見せたのだろうか。
第6時	冷戦の終結②(日米貿易摩擦，レーガノミクス，プラザ合意，バブル景気，デタント，マルタ会談，ソ連解体)	
第7時(本時)	地域紛争とグローバル化，日本の現状とこれから	グローバル化の進展が人類にもたらしたものとは何だろうか(単元を貫く問いを兼ねる)。

単元指導計画

仮説を立てる

　本単元では，「単元を貫く問い」(実践7参照)として「グローバル化の進展が
人類にもたらしたものとは何だろうか」を設定した。この「単元を貫く問い」
について，第1時の冒頭に単元全体の概要をつかませたうえで仮説を立てさせ
た。具体的には，生徒に「普段私服をどこで買っているか」と聞き，多くはユ
ニクロ，GAPなどといったアパレルブランドがあがってくる。次に「これら
のブランドの共通点は何か」と生徒に聞くと，だいたいは「世界的に有名な企

業」「ファストファッション」などといったことが返ってくる。そのうえで，グローバル化の定義と単元の全体像を，スライド１を用いて示したうえで自由に仮説を立てさせた。このときに生徒が立てた仮説は，後述の生徒の反応で示すが，じつに多様な意見が見受けられた。

導入［５分］

　導入部分では，グランドルールを確認するところからスタートする。グランドルールとは授業をおこなうにあたっての最低限のルールを示したもので，生徒に対しては「誰１人として見捨てない，学びのある場をつくるためのルール」というように説明している。具体的には，「①積極的に参加〜○発言・メモ，×ぼーっとする・何もしない〜」「②きちんと聴く〜仲間も先生の話も，「耳」と「目」と「心」を「十」分に！〜」「③各クラスで考えたグランドルール」の３つを設定している。③の各クラスで考えたグランドルールは，各学期最初のオリエンテーションで生徒に話し合わせて考えさせたものである。数名の生徒を指名して答えさせることで，本時の学習に対して集中させることができる。その後，単元の全体像と本時の問い「グローバル化の進展が人類にもたらしたものとは何だろうか」（スライド１）とルーブリック（スライド２）を確認させた。

展開①［10分］

　いきなり生徒に「グローバル化の進展が人類にもたらしたものとは何だろうか」と聞いても難しいことは予想されたため，戦後史を年表でまとめる作業を取り入れた（授業プリント）。その際に，教科書や資料集，そして，これまでの学習内容について生徒が100字程度の文章でまとめた振り返りシート等を用いて，第二次世界大戦後の国際政治や市場経済のグローバル化が進展したきっかけとなった歴史的事象を中心に取り上げ，まとめるよう指示する。年表を作成させることで，現代史が苦手な生徒にも積極的に参加させることができた。

展開②［10分］

　展開①で作成した年表をグループ（４人１組）で共有したうえで，生徒にとってとくに身近に感じた（あるいは重要だと感じた）グローバル化の進展に関する歴史的事象を取り上げ，第二次世界大戦後の国際政治や市場経済のグローバル化がもたらした成果と課題にはどのようなものがあるか，グループで考察しワークシートにまとめさせた（ワークシート１・２）。その際に，背景や原因，影響や結果について考察させるため，なぜそのように考えたのか，歴史的事象を

【単元名】グローバル化と私たち

【第1時】占領下の日本と日本国憲法
占領下の日本で行われたさまざまな政策の目的は何であったのだろうか

【第2時】朝鮮戦争と日本の独立回復
日本はなぜ独立を回復することができたのだろうか

【第3時】
冷戦と日本
核戦争の危機がどのように訪れたのだろうか

【第4時】世界の奇跡・高度経済成長
高度経済成長によって、人々の生活はどのように変化したのだろうか

【第5時】冷戦と昭和時代の終わり、冷戦の終結
石油危機後の世界と日本はどのような歩みを見せたのだろうか

➡ 【第6時】グローバル化の進展が人類にもたらしたものとは何だろうか

スライド1

今日の問い「グローバル化の進展が人類にもたらしたものとは何だろうか」

SS(大変良い)	S(良い)	A(もう一息)
グローバル化の進展が人類にもたらしたものについて、特に身近に感じた歴史的事象、取り上げた歴史的事象の成果と課題、成果と課題と考えた理由の3つにふれながら、100字程度で自身の考えを説明している。	グローバル化の進展が人類にもたらしたものについて、特に身近に感じた歴史的事象、取り上げた歴史的事象の成果と課題、成果と課題と考えた理由のうち2つにふれながら、100字程度で自身の考えを説明している。	グローバル化の進展が人類にもたらしたものについて、特に身近に感じた歴史的事象、取り上げた歴史的事象の成果と課題、成果と課題と考えた理由のうち1つにふれながら、100字程度で自身の考えを説明している。

スライド2

根拠としてまとめるよう指導した。グループでの議論が深まらない場合は、ファシリテーターとして適宜介入することで、グループワークを活性化させた。具体的には、①本時の目標から外れた内容を話し合っている場合、②明らかに意識的に議論に参加していない生徒が見受けられた場合、③本当は積極的に発言したいのだけど思うように発言できていない生徒が見受けられた場合、④グループでの話し合いが明らかに停滞している場合の4点を基準に介入するか否

第6章「第二次世界大戦後の占領と再建」

教科書 p249~275、黄 p.192~205

地域紛争とグローバル化、日本の現状とこれから

組　番　氏名

<学習のポイント>
グローバル化の進展が人類にもたらしたものとは何だろうか

Ⅰ. 今日の授業の流れ（時間は目安）

1. 導入・個人ワーク　15分
2. グループワーク　15分
3. 全体共有　10分
4. まとめ　10分

Ⅱ. [個人ワーク]「第二次世界大戦後の国際政治や世界経済のグローバル化が進展したきっかけとなった歴史的事象（画期、ターニングポイント）を、教科書、資料集、振り返りシート等を活用して、以下の年表にメモしていくか書いてみよう」

年	国際状況
1945	国際連合成立　冷戦がはじまる
1950	NATO成立　朝鮮戦争　GHQによる民主化改革の開始
	マルシャワ条約機構　→特需、復興へ　サンフランシスコ平和条約・安保
	キューバ革命　日本の国連加盟→国連加盟　高度経済成長
1960	キューバ危機　ベトナム戦争
1970	ドルショック　中東戦争→石油危機→サミット　狂乱物価　貿易摩擦→プラザ合意
1980	石油危機
1990	東西ドイツ統一　ソ連解体　バブル崩壊　EUの発足
2000	

Ⅲ. [グループワーク]「個人ワークで作成した年表から、グループで以下の3つを考えよう、①特に身近に感じたグローバル化の進展に関する歴史的事象は何か、②取り上げたグローバル化の進展に関する歴史的事象がもたらした成果と課題にはどのような成果があるのか、③なぜそのように考えたのか。」

○ グループ番号：（　5　）
○ メンバーの名前：（　　　　　）（　　　　　）（　　　　　）

【特に身近に感じたグローバル化の進展に関する歴史的事象】

オリンピック

【取り上げた歴史的事象の成果と課題、なぜそのように考えたのか】

成果　日本の発展を証明セット。
　　　国際文流
　　　高速·新幹線など日本の発展につながる

課題　日本側の負担が大きい（お金、ごみ、都市と地方の差）

Ⅳ. [全体共有]「他のグループの意見を以下にメモしよう」

オリンピック
高度経済成長
国連·金ドル本位 → 5大陸に？
日本も参加

[ルーブリック]

SS（大変良い）	S（良い）	A（もう一歩）
グローバル化の進展が人類にもたらしたものについて、触れ上げたグローバルの進展に関する歴史的事象について課題と成果に基づき産業と貿易など主に二つのことから、100年度まで国家の考えを説明している。	グローバル化の進展が人類にもたらしたものについて、触れ上げたグローバルの進展に関する歴史的事象について課題と成果に基づき産業と貿易など主に二つのことから、100年度まで国家の考えを説明している。	グローバル化の進展が人類にもたらしたものについて、触れ上げたグローバルの進展に関する歴史的事象について課題と成果に基づき産業と貿易など主に二つのことから、100年度まで国家の考えを説明している。

授業プリント

74

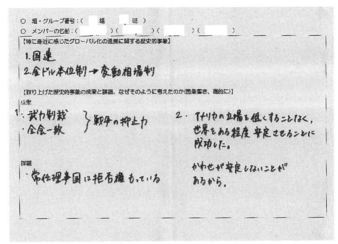

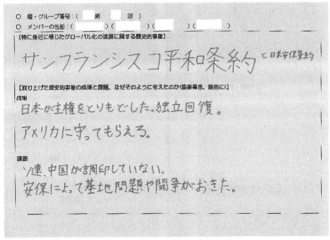

○ 組・グループ番号：（　　組　　班）
○ メンバーの名前：（　　　　　）（　　　　　）（　　　　　）（　　　　　）
【特に身近に感じたグローバル化の進展に関する歴史的事象】

1. 国連
2. 金ドル本位制 → 変動相場制

【取り上げた歴史的事象の成果と課題、なぜそのように考えたのか（箇条書き、簡的に）】

成果
1. ・武力制裁
　・全会一致　　｝戦争の抑止力

2. ・アメリカの立場を低くすることなく、世界をある程度 安定させることに成功した。

課題
・常任理事国に拒否権もっている

・かわせが安定しないことがあるから。

ワークシート1

○ 組・グループ番号：（　　組　　班）
○ メンバーの名前：（　　　　　）（　　　　　）（　　　　　）（　　　　　）
【特に身近に感じたグローバル化の進展に関する歴史的事象】

サンフランシスコ平和条約 と日本安保条約

【取り上げた歴史的事象の成果と課題、なぜそのように考えたのか（箇条書き、簡的に）】

成果
日本が主権をとりもどした。独立回復。

アメリカに守ってもらえる。

課題
ソ連、中国が調印していない。
安保によって基地問題や闘争がおきた。

ワークシート2

かを決めている。先生方が実践する際には，この介入の基準を明確にもったうえで挑戦されることを強くおすすめしたい。

展開③[10分]

　展開②において，グループで作成したワークシートを黒板に掲示し，数グループの代表生徒に発表させ，クラス全体で共有・議論した。この際に，ファシリテーターとして生徒の発言を引き出したり，ときに生徒同士の意見をぶつけ合わせて全体の議論を活性化させたりすることで，生徒に当事者意識をもたせ，

グローバル化の「光」と「影」の両面について考察させた。

まとめ〔5分〕

　展開③をふまえ，「単元を貫く問い」である「グローバル化の進展が人類にもたらしたものとは何だろうか」に対して，生徒各自の考えをルーブリックに照らして，振り返りシートにまとめさせた。また，この単元を学んだことは生徒自身にとってどのような意味があったか，これからの社会はどうあるべきでその実現のためには何が必要であるのかなどといった，生徒の気付き・疑問点等も記入させることで，歴史的な見通し，展望，自己との関わりについて考察・構想させた。

▰▰▰ 生徒の反応

　生徒が振り返りシートに書いた仮説と，本時の問いに対する「答え」は以下の通りとなった（一部抜粋）。

仮説	本時の問いに対する「答え」
国同士の交流，貿易摩擦，他言語の学習，新たな文化（渋谷のハロウィーンのような），国同士の対立，自国第一主義，格差，便利	国際連合の成立，冷戦の終結，EU の発足，サミットの実施など，戦争を防ぐための取り組みがされたものの大国にばかり権力が集まり，日本の高度経済成長のように，終戦からの復興に際しての公害など，グローバル化の進展は，人類にとって諸刃の剣といえる。
英語を勉強しなきゃいけなくなった	グローバル化は人類に新たな試練を与えた。世界が通信技術や交通でつながることは，多くの人が国境を越えて関わり合い，さらなる発展をもたらすと思う。逆に民族意識は強くなっている人たちも多くいて，そこの壁を乗り越えなくてはいけないと思う。
裕福，教育，洗濯機やエアコン（家電製品），仕事	今もまだ戦争が続いている地域や核兵器をもっている国はあるが，冷戦の終結によって宇宙開発が進んだり貿易が活性化したりした。また，緊張の緩和も起こったので，冷戦の終結がグローバル化の進展につながったと考える。

生徒の仮説と答え

　また，本単元を学んだ生徒の気付きには以下のようなものがあった（一部抜粋）。

- 「ベトナム戦争」「キューバ危機」「冷戦」聞いたことはあっても詳しく知らなかったもの，これらのどれもが戦争（WWⅢ）まで危機一髪という状況であったと思います。そういった出来事を学んでいくことは，これからの未来を生きる私たちが，戦争をしないためにできることだと思います。

・今まで，日本がどのように発展してきたか分からないところが多かった。しかし朝鮮戦争や冷戦を通して日本が発展してきたことを学び，素直に喜んでいいのか分からなかった。確かに生活は豊かになったし，宇宙開発も進んだけれど，過去の戦争や公害問題を乗りこえて今があることを忘れずにいたい。

▰▰▰ 評価の方法

　評価については実践7と同様である。生徒が「模範解答」を求めるのを避けるため，振り返りシートの本時の問いに対する「答え」は点数化していない。そのかわり，生徒に選ばせたMVS(Most Valuable Student)をもとに，教員が平常点として評価している。

【参考文献】
武田晴人『シリーズ日本近現代史8　高度成長』岩波新書，2008年
猪木武徳『戦後世界経済史　自由と平等の視点から』中公新書，2009年
岡本勉『1985年の無条件降伏　プラザ合意とバブル』光文社，2018年

問いや探究

及川俊浩

　2022年から歴史科目は大きく変わることとなる。とくに「歴史総合」という新しい科目が誕生する。この原稿を書いている2020年の時点では歴史総合の教科書の中身はまったくわからない状況だが，高等学校学習指導要領（平成30年告示）解説をみると，「主題」や「問い」を中心に構成する学習の展開，という項目が入っていることから，事前準備としてさまざまな情報誌や学習会の場で"問い"が着目させているように感じている。

　"問い"は教員のみならず，生徒による問い立ても必要になってくる。今から"問い"への対策を考える先生方，もうすでに実践している先生方もいるかと思う。私もさまざま考えているなかで，以前に聞いた，ある方の言葉が思い出される。「知識がない状態で考えろといっても，それは無理ではないか」「学校では先生が問題をつくってくれるけど，社会に出ると自分でつくらなければならない」。先の言葉は教育に携わる方が先生方に向けて，後の言葉はある会社の社長が生徒に向けて話したものである。

　生徒はもちろん先生方も"問い"を考えていく場合には知識が無ければ難しいだろうし，生徒に身につけさせたい力を明確にしなければさらに難しくなるだろう。情報誌や学習会などでは成功事例が紹介されることが多い。しかし，その成功事例が必ずしも先生方の学校の生徒に合うとは限らない。目の前の生徒をよくみて，授業を組み立てることが必要だろう。"問い"もその一部と私は考える。

　「歴史総合」を履修したあとで「世界史探究」や「日本史探究」に取り組むことになる。新しい学習指導要領では「総合的探究の時間」も含めて"探究"がキーワードの1つになっているように感じる。まだ教科書が手元にない状況では多くは語れないが，探究科目でも，"問い"も含めて授業のやり方を検討する必要がある。

　「総合的探究の時間」を先行実施している学校もあると聞く。それぞれの学校で工夫された「総合的探究の時間」が展開されていることと思う。探究の言葉の意味は，物事の意義や本質を探って見極めることである。歴史の意義や本質を含め，さまざまなことをより深めていくことが大事になっていくのだろう。

個人的には，探究を総合的探究の時間のみならず，歴史などの教科でも実施していくためには，「探求」が必要になってくるように思われる。探求の意味は，何かを手に入れようと探し求めることである。探究のために探求していく。これの繰り返しが大切になってくる。それは生徒だけではなく，先生方にも必要なことなのだろうと思う。

　探究（探求）のきっかけとして，私は生徒にダブルリフレクションをさせている。1度目は授業の最後に，2度目は復習も兼ねて帰宅後におこなわせている。内容は今日の授業でわかったこと，わからなかったことと，自宅での復習でわかったこと，わからなかったこと，のみである。授業後にわかったと思っていても，時間がたち，実はわかっていなかったということもある。授業直後にはわからなかったけど，自宅での振り返りでわかった，ということもある。自宅でのリフレクションの内容には興味深いものもある。いわゆる答えがない疑問が出てくるのである。そのような疑問を生徒達に定期考査の問題として返すようにしている。例えば「ローマ教皇が2人いると不都合ですか？」というものがあったので，そのまま生徒にぶつけてみた。出た意見からさらに考察していくことも可能であった。生徒自身のなかには問いをつくるネタが結構あると感じている。

　この事例に関しては，『アクティブ・ラーニング実践集　世界史』（山川出版社，2019年）の実践10，11のような授業をおこない，そこで出されたリフレクションがもとになっていることを付け加えておきたい。

おわりに

　本書は大いなる挑戦ということで始まりました。拠り所にするものは平成30年に告示された高等学校学習指導要領，そしてさまざまなところでつくられた資料や先行事例等しかありません。教科書はもちろんありません。ですからこの実践例が正しい方向に向かっているのかも正直わからないところはあります。しかし，私の勤務する学校でおこなわれた社会人講座で，ある企業の社長が生徒に「成功の反対は何だと思いますか。それは失敗ではなく何もしないことです」と話されていました。「歴史総合」が登場してくる前に挑戦することは有意義なことと感じています。実はこの社長は生徒に「学校では先生が問題を作ってくれるけど，社会に出たら自分で問題を作っていかなければならない」という言葉も残してくれました。まさに新しい学習指導要領が掲げている「問い」について考えさせられる言葉であったように感じます。生徒には歴史の知識を学ぶだけではなく，その後の人生に役立つような力を身につけて欲しいと願うばかりです。そのためにも教員は日々研鑽を積む必要があると感じています。

　皆さんには是非この本を読んでいただいた後で，来るべき「歴史総合」の授業への考えを巡らせていただければ幸いです。

　『アクティブ・ラーニング実践集』(日本史・世界史)出版後，この本の企画を話した際に快く出版の機会を与えていただいた山川出版社の皆様に感謝しております。

編　者

編者

　及川　俊浩　おいかわとしひろ（聖ドミニコ学院中学校高等学校）

執筆者

　小坂　至道　こさかのりみち（京都橘中学校・高等学校）

　坂田　匡史　さかたまさし（東京都立小山台高等学校）

　佐藤　慎也　さとうしんや（東京都立大泉高等学校附属中学校）

　杉山比呂之　すぎやまひろゆき（専修大学附属高等学校）

　田中　穣　　たなかおさむ（開明中学校・高等学校）

　田中　駿一　たなかしゅんいち（東京都立南多摩中等教育学校）

　宮﨑　亮太　みやざきりょうた（関西大学中等部・高等部）

五十音順，所属は2021年3月現在

アクティブ・ラーニング実践集　近代・現代

2021年3月20日　第1版第1刷印刷　　2021年3月30日　第1版第1刷発行

編　者　　及川俊浩
　　　　　おいかわとしひろ

発行者　　野澤武史

発行所　　株式会社　山川出版社
　　　　　〒101-0047　東京都千代田区内神田1-13-13
　　　　　電話　03(3293)8131(営業)　03(3293)8135(編集)
　　　　　https://www.yamakawa.co.jp/　　振替　00120-9-43993

印刷所　　株式会社　太平印刷社

製本所　　株式会社　ブロケード

装　幀　　菊地信義

アクティブ・ラーニング実践集

及川俊浩・杉山比呂之 編

A5判　88頁　定価1,100円（本体1,000円＋税10%）
978-4-634-59117-2

A5判　96頁　定価1,100円（本体1,000円＋税10%）
978-4-634-64163-1